John Ortberg

Abenteuer Leben

Gottes überströmende Liebe
im Alltag entdecken

Für:

....

Von:

....

Möge Gott dich segnen
und dir gelingendes Leben schenken.

Über den Autor

John Ortberg ist einer der Pastoren der *Menlo Park Presbyterian*-Gemeinde in Menlo Park, Kalifornien. Bis zum Sommer 2003 war er einer der Hauptpastoren von *Willow Creek* und predigte dort vor allem in den gemeindeinternen Gottesdiensten, die der vertiefenden geistlichen Stärkung der Gemeindemitglieder dienen. Bei ihm vereinen sich erstaunlich tief gehende Einsichten mit einer klaren Verständlichkeit und einem ansteckenden Sinn für Humor. Kein Wunder, dass seine Bücher regelmäßig zu Bestsellern werden.

John Ortberg

Abenteuer Leben

Gottes überströmende Liebe im Alltag entdecken

GerthMedien

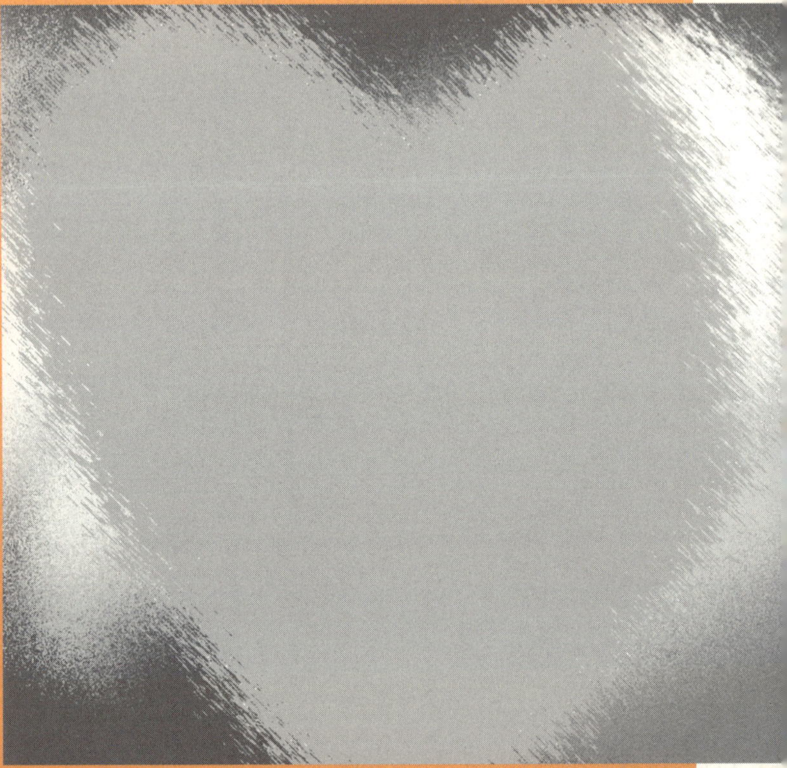

Wir lieben,

weil Gott uns

zuerst

geliebt hat.

1. Johannes 4,19

Teil 1

Nur die Liebe zählt

Um in der Liebe Gottes zu leben, brauchen wir neue Augen. Wir müssen lernen, immer wieder auf die Gnade Gottes zu schauen, mit der er überall am Werk ist. Es war Ian Pitt-Watson, ein Lehrer, den ich sehr geschätzt habe, der den Gedanken ins Spiel brachte, wir alle seien Gottes geliebte Lumpenpuppen.

Liebe [ˈliːbə] <f.> *starke persönliche Bindung, starkes Gefühl des Hingezogenseins zu einer anderen Person*

Bedingungslose Liebe [beˈdiŋuŋsloːsə ˈliːbə] <f.> *Liebe um jeden Preis*

Gnade [gnaːdə] <f.> *Gott, der in uns und für uns tut, was wir nicht selbst tun können*

Die heiß geliebte Lumpenpuppe

Sie hieß Pandy. Sie hatte den größten Teil ihrer Haare verloren, besaß nur noch einen Arm und sah insgesamt ziemlich mitgenommen aus. Sie war die Lieblingspuppe meiner Schwester Barbie.

Sie hatte nicht immer so schäbig ausgesehen. Einmal war sie das Weihnachtsgeschenk einer lieben Tante gewesen, die extra in ein großes Kaufhaus im fernen Chicago gereist war, um sie zu finden. Als Pandy jung war und noch nach etwas aussah, liebte Barbie sie. Sie liebte sie mit einer Liebe, die für Pandy leider zu viel war. Wenn Barbie abends zu Bett ging, lag Pandy neben ihr. Wenn Barbie zu Mittag aß, saß Pandy neben ihr am Tisch. Wenn Barbie es schaffte, dann nahm Pandy auch zusammen mit ihr ein Bad. Aus Pandys Sicht war Barbies Liebe zu dieser Puppe eine tödliche Leidenschaft.

Als ich Pandy kennen lernte, war sie keine besonders attraktive Puppe mehr. Um die Wahrheit zu sagen: Sie befand sich in einem üblen Zustand. Aber meine Schwester liebte diese Puppe immer noch. Sie liebte die verschlissene Pandy noch genauso wie in ihren besten Tagen.

Andere Puppen kamen und gingen, aber Pandy war ein Familienmitglied. Wenn man Barbie liebte, musste man auch ihre Lumpenpuppe lieben. Die beiden gab es nur im Doppelpack.

Einmal fuhren wir im Urlaub von Rockford in Illinois, wo wir wohnten, nach Kanada. Auf dem Rückweg merkten wir kurz vor der Grenze von Illinois, dass Pandy nicht bei uns war. Sie war im Hotel in Kanada zurückgeblieben. Es war keine Frage: Mein Vater wendete umgehend und wir fuhren von Illinois den ganzen Weg zurück nach Kanada.

Die Jahre vergingen und meine Schwester wurde älter. Sie wuchs aus Pandy heraus. Da schien es nur logisch, die Puppe wegzuwerfen. Aber das brachte meine Mutter nicht übers Herz. Sie nahm Pandy noch ein letztes Mal in die Arme, wickelte sie mit ganz besonderer Sorgfalt in Seidenpapier ein, legte sie in eine Schachtel und bewahrte sie 20 Jahre lang auf dem Dachboden auf.

Es vergingen weitere Jahre. Meine Schwester heiratete und zog fort. Sie bekam drei Kinder. Das dritte Kind war ein kleines Mädchen und hieß Courtney. Courtney erreichte bald das Alter, in dem sie eine Puppe haben wollte. Es war keine Frage: Barbie fuhr nach Hause nach Rockford, stieg auf den Dachboden und holte Pandys Schachtel hervor. Zu diesem Zeitpunkt war Pandy eher ein Bündel Lumpen als eine Puppe. Also brachte meine Schwester sie in eine Puppenklinik, und bald war sie auch äußerlich wieder so schön, wie sie in den Augen des Menschen, der sie liebte, immer gewesen war.

Als Pandy neu war, liebte Barbie sie. Sie feierte ihre Schönheit. Als Pandy alt und verschlissen war, liebte Barbie sie noch immer. Nun liebte sie Pandy nicht einfach, weil sie schön war, sondern sie liebte sie mit einer Liebe, die Pandy Schönheit verlieh.

Inzwischen sind weitere Jahre vergangen. Das Nest meiner Schwester wird bald leer sein. Courtney ist ein Teenager und wird bald eine junge Frau sein. Und Pandy? Pandy bereitet sich auf die nächste Schachtel vor.

*Gott hat die Menschen so sehr geliebt,
dass er seinen einzigen Sohn hergab.
Nun werden alle, die sich auf den Sohn Gottes verlassen,
nicht zugrunde gehen, sondern ewig leben.*
Johannes 3,16

*Zur rechten Zeit,
als wir noch in der Gewalt der Sünde waren,
ist er für uns gottlose Menschen gestorben.
Wie sehr Gott uns liebt, beweist er uns damit,
dass Christus für uns starb, als wir noch Sünder waren.*
Römer 5,6.8

*Das Einzigartige an dieser Liebe ist:
Nicht wir haben Gott geliebt, sondern er hat uns geliebt.
Er hat seinen Sohn gesandt,
damit er durch seinen Tod Sühne leiste für unsere Schuld.*
1. Johannes 4,10

Geschaffen in Liebe

Wir sind Gottes Lumpenpuppen. Er sieht unsere Schäbigkeit und liebt uns trotzdem. Unsere Verschlissenheit ist nicht mehr das Wichtigste an uns. Schäbig zu sein ist nicht Ihr Schicksal und auch nicht meins. Wir sind vielleicht nicht liebenswert, aber wir werden geliebt.

Es gibt eine Liebe, die wertvoll macht, was sie liebt. Es gibt eine Liebe, die abgenutzte Lumpenpuppen zu kostbaren Schätzen werden lässt. Es gibt eine Liebe, die sich aus Gründen, die niemand je verstehen wird, zu schäbigen kleinen Geschöpfen hingezogen fühlt und sie dadurch kostbarer werden lässt, als sie selbst es je für möglich gehalten hätten. Das ist eine Liebe, die den Verstand übersteigt. Das ist die Liebe Gottes. Das ist die Liebe, mit der Gott Sie und mich liebt.

Gott hat uns in erster Linie aus Liebe geschaffen. Theologen betonen gern, dass Gott alles aus freier Entscheidung geschaffen hat, nicht aus einer Notwendigkeit heraus. Das ist ein sehr wichtiger Gedanke – es bedeutet nämlich, dass Gott uns nicht etwa schuf, weil ihm gerade langweilig war, weil er sich einsam fühlte oder nichts anderes mit sich anzufangen wusste.

Gott erschuf uns nicht aus einer Notwendigkeit heraus. Er schuf uns vielmehr aus seiner großen Liebe heraus.

Gott, der nichts braucht, liebt völlig überflüssige Geschöpfe ins Dasein, um sie zu lieben und vollkommen zu machen.
C. S. Lewis

So sehr geliebt

Gott füllte diese Welt mit Schönheit und Geheimnisvollem, mit Wasserfällen, Sonnenuntergängen, Gletschern, Regenwäldern und Schokocremetorte, aber er sagte: „Ich liebe dich nicht nur so sehr."

Gott gab Ihnen einen Verstand, die Fähigkeit, richtig von falsch zu unterscheiden, das Gute und das Leben zu wählen, aber Gott sagte: „Ich liebe dich nicht nur so sehr."

Gott stellte Ihnen Menschen zur Seite. Lehrer, Freunde, Vorbilder, Menschen, mit denen Sie Vertrautheit und Gemeinschaft genießen können. Aber Gott sagte: „Ich liebe dich nicht nur so sehr."

Dann gab Gott Jesus. Jesus war Gottes letzter Versuch, uns zu zeigen, wie viel wir ihm bedeuten. Jesus wurde ans Kreuz geschlagen, um die Schuld zu bezahlen, die wir nicht bezahlen konnten. Er wurde ans Kreuz geschlagen und Gott sagte: „Nun kannst du frei sein von allen Gewissensbissen. Du hast keine Schuld mehr. Alle rechtlichen Ansprüche sind gegenstandslos. Nun weißt du, welchen Platz du in meinem Herzen einnimmst."

Jesus wurde ans Kreuz genagelt und sagte: „Ich liebe dich so sehr."

Seht doch, wie sehr uns der Vater geliebt hat!
Seine Liebe ist so groß, dass er uns seine Kinder nennt.
Und wir sind es wirklich: Gottes Kinder!
1. Johannes 3,1

Ich bin ganz sicher, dass nichts
uns von seiner Liebe trennen kann:
weder Tod noch Leben, weder Engel noch Dämonen
noch andere gottfeindliche Mächte,
weder Gegenwärtiges noch Zukünftiges,
weder Himmel noch Hölle.
Nichts in der ganzen Welt kann uns jemals trennen
von der Liebe Gottes, die uns verbürgt ist
in Jesus Christus, unserem Herrn.
Römer 8,38-39

Wir jedenfalls haben erkannt und halten im Glauben daran fest,
dass Gott uns liebt.
1. Johannes 4,16

Gott liebt Sie

In jedem menschlichen Herzen steckt der unauslöschliche Wunsch, der Prinz oder die Prinzessin für jemanden zu sein. Wir wollen geliebt sein.

Die Bibel sagt, dass wir es sind. Die Autoren der Bibel verwendeten die außergewöhnlichsten Bilder, um uns davon zu überzeugen. Gottes Liebe zu uns ist die Liebe eines Freundes, der sein Leben für den opfert, den er liebt; die Liebe eines Vaters zu seinem abtrünnigen Sohn; die Liebe einer Mutter, die sie ihr Kind nicht vergessen lässt. Die Liebe Gottes zu uns ist leidenschaftlicher als die des leidenschaftlichsten Bräutigams zu seiner Braut.

Sie sind von Gott geliebt.

Dieser Schrei unseres Herzens nach Liebe ist nur ein leises Echo der Sehnsucht Gottes, uns seine Liebe zu zeigen. Schon bevor Sie geboren wurden, wurden Sie von Gott geliebt.

Das ist das größte Geheimnis Ihrer Identität. Sie können sich diese Liebe nicht verdienen oder gewinnen, Sie können sie nur dankbar annehmen.

Das ist die unaussprechliche und unendliche Barmherzigkeit Gottes, die das begrenzte Fassungsvermögen des menschlichen Herzens nicht begreifen und noch weniger äußern kann – die unergründliche Tiefe und der brennende Eifer der Liebe Gottes zu uns.
Martin Luther

Die bedingungslose Liebe eines Vaters

Jesus erzählte weiter: „Ein Mann hatte zwei Söhne. Der jüngere sagte: Vater, gib mir den Teil der Erbschaft, der mir zusteht! Da teilte der Vater seinen Besitz unter die beiden auf. Nach ein paar Tagen machte der jüngere Sohn seinen ganzen Anteil zu Geld und zog weit weg in die Fremde. Dort lebte er in Saus und Braus und verjubelte alles. Als er nichts mehr hatte, brach in jenem Land eine große Hungersnot aus; da ging es ihm schlecht. Er hängte sich an einen Bürger des Landes, der schickte ihn aufs Feld zum Schweinehüten. Er war so hungrig, dass er auch mit dem Schweinefutter zufrieden gewesen wäre; aber er bekam nichts davon. Endlich ging er in sich und sagte: Mein Vater hat so viele Arbeiter, die bekommen alle mehr, als sie essen können, und ich komme hier um vor Hunger. Ich will zu meinem Vater gehen und zu ihm sagen: Vater, ich bin vor Gott und vor dir schuldig geworden; ich bin es nicht mehr wert, dein Sohn zu sein. Nimm mich als einen deiner Arbeiter in Dienst! So machte er sich auf den Weg zu seinem Vater.

Er war noch ein gutes Stück vom Haus entfernt, da sah ihn schon sein Vater kommen, und das Mitleid ergriff ihn. Er lief ihm entgegen, fiel ihm um den Hals und überhäufte ihn mit Küssen. Vater, sagte der Sohn, ich bin vor Gott und vor dir schuldig geworden, ich bin es nicht mehr wert, dein Sohn zu sein! Aber der Vater rief seinen Dienern zu: Schnell, holt die besten Kleider für ihn, steckt ihm einen Ring an den Finger und bringt ihm Schuhe! Holt das Mastkalb und schlachtet es! Wir wollen ein Fest feiern und uns freuen! Denn mein Sohn hier war tot, jetzt lebt er wieder. Er war verloren, jetzt ist er wiedergefunden. Und sie begannen zu feiern."

Lukas 15,11-24

Sie leben in der Hand Gottes.
Gottes Herz ist bei dem bloßen Gedanken an Sie mit Liebe und Freude erfüllt.
Wenn Sie jemanden lieben und an ihn denken, dann lächeln Sie unwillkürlich.
Und genauso geht es auch Gott, wenn er an Sie denkt.

Sie sind von Gott geliebt.

Sie können **nichts** tun, was Gott jemals dazu bringen würde, Sie mehr zu lieben, als er Sie in diesem Augenblick liebt: keine größere Leistung, keine größere Schönheit, keine größere Anerkennung, nicht einmal gesteigerte Spiritualität und größerer Gehorsam.

Nichts, was Sie jemals getan haben, bringt Gott dazu, Sie weniger zu lieben: keine Sünde, kein Versagen, keine Schuld, kein Bedauern.

Tragischerweise verbringen wir unser Leben damit zu versuchen, uns die Liebe zu **verdienen,** die wir nur dann empfangen können, wenn wir **bekennen,** wie arm wir vor Gott sind.

Zu lernen, in der Liebe Gottes zu leben, ist eine Herausforderung, die uns unser Leben lang begleiten wird.

Liebe und Gnade – und eine Party

Die folgende Geschichte stammt von Tony Campolo. Sie ereignete sich, als er Urlaub auf Hawaii machte.

Um drei Uhr morgens ging ich in ein Lokal. Die einzigen anderen Gäste waren ein paar Prostituierte, die für diesen Tag mit der Arbeit fertig waren. Eine von ihnen (Agnes) erwähnte, dass sie am nächsten Tag Geburtstag und noch nie in ihrem Leben eine richtige Geburtstagsparty erlebt hätte.

Als sie gegangen waren, erfuhr ich von Harry, dem Mann hinter der Theke, dass die Damen jeden Abend in dieses Lokal kamen. Ich fragte ihn, ob ich am nächsten Abend wiederkommen und eine Party schmeißen dürfte. Harry war einverstanden.

Um 2:30 Uhr am nächsten Morgen war ich wieder in dem Lokal. Ich hatte etwas Dekorationsmaterial aus Krepp-Papier gekauft und ein großes Schild mit der Aufschrift „Herzlichen Glückwunsch zum Geburtstag, Agnes!" gebastelt. Um 3:15 Uhr befanden sich sämtliche Prostituierte von Honolulu in diesem Lokal. Überall nur Nutten – und ich!

Um 3:30 Uhr öffnete sich die Tür, Agnes kam herein, und wir alle sangen „Happy Birthday"! Ich habe noch nie einen Menschen gesehen, der so überrascht war. Als wir mit dem Geburtstagsständchen fertig waren, waren ihre Augen feucht. Und als der Kuchen hereingetragen wurde, fing sie hemmungslos an zu weinen.

Harry nuschelte barsch: „Blas die Kerzen aus, Agnes. Wir wollen alle ein Stück."

„Harry, ist es okay, wenn ich den Kuchen noch ein bisschen behalte?"
„Natürlich. Wenn du ihn behalten willst, dann behalte ihn. Du kannst ihn mit nach Hause nehmen, wenn du willst."

Sie trug den Kuchen hinaus, als ob er der Heilige Gral wäre. Wir standen bewegungslos da; über dem ganzen Lokal lag ein betäubtes Schweigen. Weil ich nicht wusste, was ich sonst machen sollte, brach ich das Schweigen schließlich mit der Frage: „Habt ihr was dagegen, wenn wir beten?"

Wenn ich heute auf diese Situation zurückschaue, erscheint es mehr als sonderbar, dass ein Soziologe um 3:30 Uhr morgens in einem Lokal in Honolulu eine Gebetsversammlung von Prostituierten leitet. Aber damals hatte ich das Gefühl, genau das Richtige zu tun. Ich betete für Agnes. Ich bat Gott darum, dass sich ihr Leben verändern würde. Dass Gott gut zu ihr sein würde.

Als ich fertig war, lehnte sich Harry über den Tresen und sagte: „He, Sie haben nie gesagt, dass Sie Prediger sind. Zu was für einer Art Gemeinde gehören Sie denn?"

Ich antwortete: „Ich gehöre zu einer Gemeinde, die um 3:30 Uhr morgens Geburtstagspartys für Nutten schmeißt."

Harry wartete einen Augenblick, dann sagte er: „Nein, das stimmt nicht. Solche Gemeinden gibt es nicht. Wenn es so eine Gemeinde geben würde, würde ich sofort beitreten."

Würden wir das nicht alle? Würden wir nicht alle gerne zu einer Gemeinde gehören, die um 3:30 Uhr morgens Geburtstagspartys für Prostituierte feiert? Jesus kam, um so eine Gemeinde zu schaffen. Ich weiß nicht, woher wir diese andere Sorte Gemeinden haben, die so sittsam und züchtig ist. Aber jeder, der das Neue Testament liest, weiß, dass Jesus sehr gerne die Ausgestoßenen, Missbrauchten und Unterdrückten mit Gnade überschüttete. Die Sünder liebten ihn, weil er mit ihnen feierte.

So sollte Kirche aussehen. Ein paar Lumpenpuppen, die Liebe empfangen haben, auch wenn sie wissen, dass sie diese Liebe nicht verdienen, und die diese Liebe dann an andere weitergeben, weil sie sich weigern, sich von ihrer Armseligkeit davon abhalten zu lassen. Denn Liebe ist Gottes Erkennungszeichen. Und Gnade macht die Liebe stark.

Gnade ist das Einzige, was die Kirche anzubieten hat, das die Welt nirgendwo sonst bekommen kann.

Eure Rettung ist wirklich reine Gnade
und ihr empfangt sie allein durch den Glauben.
Ihr selbst habt nichts dazu getan, sie ist Gottes Geschenk.
Epheser 2,8

Aber Gott ist reich an Erbarmen.
Er hat uns seine ganze Liebe geschenkt.
Durch unseren Ungehorsam waren wir tot;
aber er hat uns mit Christus zusammen lebendig gemacht. –
Bedenkt: Aus reiner Gnade hat er euch gerettet!
Epheser 2,4–5

Alle sind schuldig geworden und haben die Herrlichkeit verloren,
in der Gott den Menschen ursprünglich geschaffen hatte.
Ganz unverdient, aus reiner Gnade,
lässt Gott sie vor seinem Urteil als gerecht bestehen –
auf Grund der Erlösung, die durch Jesus Christus geschehen ist.
Römer 3,23–34

Das Wunder der Gnade

Als Christ muss ich mir nicht nur vergegenwärtigen, dass ich aus Gnade gerettet wurde, sondern dass ich heute aus Gnade geliebt werde. Gott erlöste mich nicht aus reiner Gnade, nur um sich von da an nach meiner geistlichen Leistung vom Vortag zu richten. Gottes Liebe ist immer Liebe aus Gnade.

Gott selbst sagt, dass Sie von ihm höchstpersönlich auserwählt sind. Sie sind gewollt. Gott sehnt sich danach, Sie in seine Familie aufzunehmen. Heute. Das ist das Wunder der Gnade.

Durch Gnade leben wir. Nun sind Sie für Gott lebendig. Sie haben Kraft zum Ausharren, Leidenschaft zum Leben, einen Grund zur Hoffnung. Der Tod hat keine Macht mehr über Sie. Das ist das Wunder der Gnade.

Durch Gnade ist uns vergeben. Gott nahm unsere Sünde und Schuld und nagelte sie ans Kreuz. Er tilgte die Rechnung, löschte den Schuldschein. Jetzt sind Sie frei. Ohne Schuld. Rein. Sie können mit einem Herzen leben, das leicht wie eine Feder ist. Heute – egal, was Sie gestern gemacht haben. Das ist das Wunder der Gnade.

Aus diesem Grund können wir in Freude leben. Wir können unerschütterliche Zuversicht haben; heute, morgen, übermorgen und jeden Tag bis in alle Ewigkeit. Wir können jedem Menschen Liebe zeigen, egal, wie armselig und verschlissen er ist. Das ist das Wunder der Gnade.

Wir haben von Gott nichts als Liebe
und Gunst empfangen, da Christus
uns seine Gerechtigkeit und alles,
was er hat, zugesichert und gegeben hat;
er hat seine ganzen Reichtümer
über uns ausgeschüttet,
was kein Mensch je ermessen
und kein Engel je verstehen kann,
denn Gott glüht vor Liebe
wie ein Schmelzofen, der von der Erde
zu den Himmeln reicht.

Martin Luther

Geliebt und auserwählt

Geliebt zu sein bedeutet, auserwählt zu sein. Das Gefühl, auserwählt zu sein, ist eines der besten Geschenke, das die Liebe dem Geliebten macht. Es vermittelt mir, dass mich jemand als einzigartigen Menschen ansieht, dass sich jemand wünscht, mir näher zu kommen und auf meiner Seite zu stehen. Jemand ist davon überzeugt, dass ich einen ganz besonderen Beitrag leisten kann.

Liebe verleiht dem geliebten Menschen einen gewissen Status des Auserwähltseins. Liebe flüstert: „Ich wähle dich. Ich möchte auf deiner Seite stehen." Und für armselige und verschlissene Menschen, für Menschen mit einem missgestalteten Geist, verkümmerten Herzen und schiefen Seelen, bedeutet das Leben.

Wenn ich auserwählt bin, bin ich für jemanden einzigartig. Gegenstände können nicht voneinander zu unterscheiden sein. Aber jeder Mensch sehnt sich danach, als etwas Besonderes wahrgenommen zu werden, nicht nur als ein weiteres Exemplar derselben Sorte.

Wenn ich auserwählt bin, gelte ich als jemand, der einen besonderen Beitrag beizusteuern hat. Meine Einzigartigkeit ist etwas Positives. Ich habe eine Gabe, die etwas verändert. Ich habe etwas, das dem Team helfen kann. Auserwählte Menschen sind wichtig. Man schreibt und liest ihre Biographien, weil ihre Geschichten wichtig sind.

Wenn ich auserwählt bin, bedeutet das, dass mich jemand haben möchte. Ich bin nicht isoliert, beziehungslos. Ich bin erwünscht. Ich gehöre dazu.

Wenn Gott uns auserwählt, dann gibt er uns all das Gute, das mit dem Auserwähltsein verbunden ist. In unserer gefallenen Welt hat der Begriff **„auserwählt“** aber noch eine weitere Bedeutung, die sich nicht im Herzen Gottes findet. In unserer Welt auserwählt sein bedeutet fast immer, auf Kosten eines anderen Menschen auserwählt zu sein.

Doch das entspricht nicht Gottes Vorstellungen. In Gottes Liebe geht mein Auserwähltsein niemals auf Kosten anderer. Gott erwählt, oder liebt, jedes seiner Kinder mit uneingeschränkter Einzigartigkeit. Nach seinen Vorstellungen soll mein Auserwähltsein andere fördern und nicht erniedrigen. Wer in Gottes Augen auserwählt ist, ist immer auserwählt zu dienen.

„Ganz **einzigartig** geliebt zu werden – für das, was man ist – bedeutet, dass wir all die Liebe bekommen, mit der wir geliebt werden müssen.“ Und genau das macht Gott: Er liebt jeden von uns ganz einzigartig.

Schon bevor er die Welt erschuf, hat er uns vor Augen gehabt
als Menschen, die zu Christus gehören; in ihm hat er uns dazu
erwählt, dass wir heilig und fehlerlos vor ihm stehen.
Aus Liebe hat er uns dazu bestimmt, seine Söhne und Töchter
zu werden – durch Jesus Christus und im Blick auf ihn.
Das war sein Wille und so gefiel es ihm, damit der Lobpreis
seiner Herrlichkeit erklingt: der Lobpreis der Gnade,
die er uns erwiesen hat durch Jesus Christus, seinen geliebten Sohn.
Epheser 1,4–6

Jesus sagte: „Die Welt würde euch als ihre Kinder lieben,
wenn ihr zu ihr gehören würdet. Aber ich habe euch aus der Welt
herausgerufen und ihr gehört nicht zu ihr.
Aus diesem Grund hasst euch die Welt.“
Johannes 15,19

Ihr aber seid das erwählte Volk, das Haus des Königs,
die Priesterschaft, das heilige Volk, das Gott selbst gehört.
Er hat euch aus der Dunkelheit in sein wunderbares Licht gerufen,
damit ihr seine machtvollen Taten verkündet.
1. Petrus 2,9

Sicher in Gottes Liebe

Vor einiger Zeit wollte ich meinen drei Kindern erklären, wie sie in der liebevollen Fürsorge Gottes leben konnten. Also erzählte ich ihnen die Geschichte eines Filmes mit dem Titel „Der Bär“. Es geht in diesem Film um einen kleinen Bären, dessen Mutter stirbt. Der kleine Bär überlebt, der Zuschauer weiß aber, dass seine Chancen gleich Null sind. Doch dann passiert das Unerwartete. Der kleine Bär wird von einem riesigen Kodiakbären adoptiert. Dieser Riese passt immer auf den kleinen Bären auf. Er schützt ihn. Er bringt dem kleinen Bären bei, sich wie ein Bär zu benehmen. Der kleine Bär imitiert alles, was der Vaterbär vormacht. Man sieht das alles und wird von Hoffnung erfüllt – der kleine Bär hat eine Zukunft. Er wird leben.

Eines Tages werden die beiden voneinander getrennt. Der kleine Bär kann seinen Vater nirgendwo entdecken. Der Puma sieht seine Chance gekommen. Er nähert sich dem kleinen Bären rasch und auf leisen Sohlen und steht ihm plötzlich direkt gegenüber; er setzt zum Sprung an. Der kleine Bär stellt sich auf die Hinterbeine, hebt seine Tatzen und versucht, ein wildes Brüllen auszustoßen, aber er schafft nur einen verschreckten Quiekser. Der Puma ist nicht überzeugt. Beide, der kleine Bär und sein Angreifer, wissen, dass der kleine Bär sterben wird.

Die Kamera schwenkt auf den Puma, dessen Miene plötzliches Erschrecken zeigt. Er hört auf zu knurren, dreht sich um und verschwindet.

Die Kamera schwenkt wieder auf den kleinen Bären, und man sieht etwas, das man zuvor nicht sehen konnte und das auch der kleine Bär nicht sehen konnte. Hinter diesem kleinen Bären steht der große Kodiakbär auf seinen Hinterbeinen; sein massiver Körper ist bereit, seinen Sohn mit einem einzigen Tatzenschlag zu retten.

Große Tatzen. Wildes Brüllen.

Dann wissen wir es. Der kleine Bär musste sich keine Sorgen machen. Er konnte ihn nicht sehen oder hören, aber der Vater war *die ganze Zeit* da. Dieser Wald war für den kleinen Bären ein vollkommen sicherer Ort. Er konnte dem Vater vertrauen, auch wenn er nicht da zu sein schien.

„Diese Geschichte ist wahr“, erklärte ich meinen Kindern, „auch für euch und für mich. Ihr werdet im Leben vor schwierigen Situationen und Problemen stehen. Das ist Teil eures Lebens und eurer Entwicklung, und ich würde euch das auch nicht ersparen, wenn ich könnte. Aber eine Sache möchte ich euch doch ersparen. Wenn ihr Angst habt, denkt ihr vielleicht manchmal, dass ihr alleine seid. Vielleicht denkt ihr, dass euch keiner sieht oder sich keiner um euch kümmert und ihr ganz auf euch selbst gestellt seid.

Wenn ihr in so einer Situation seid, dann erinnert euch an den Bären. Denkt daran, dass jemand auf euch aufpasst. Ihr seht oder hört ihn vielleicht nicht. Aber ihr seid immer in seinem Blickfeld. Ihr steht immer unter seinem Schutz und in seiner Fürsorge.“

Der Herr lässt nicht zu, dass du zu Fall kommst.
Er gibt immer auf dich Acht.
Er, der Beschützer Israels, wird nicht müde
und schläft nicht ein; er sorgt auch für dich.

Der Herr ist bei dir, hält die Hand über dich,
damit dich die Hitze der Sonne nicht quält
und der Mond dich nicht krank macht.

Der Herr wendet Gefahr von dir ab
und bewahrt dein Leben.
Auf all deinen Wegen wird er dich beschützen,
vom Anfang bis zum Ende, jetzt und in aller Zukunft!
Psalm 121,3–8

In Gott geborgen

Eine Mutter wacht während eines Gewitters auf. Nach einem besonders hellen Blitz stürzt sie in das Zimmer ihres Sohnes, weil sie weiß, dass er vermutlich Angst haben wird. Zu ihrer Überraschung steht er am Fenster.

„Ich habe zum Fenster rausgeschaut", sagt er. „Und weißt du, was passiert ist? Gott hat ein Foto von mir gemacht."

Er war davon überzeugt, dass Gott am Werk war und dass das Universum deshalb ein absolut sicherer Ort für ihn war.

Die feste Überzeugung, sicher in Gottes Händen zu sein, nennt Paulus den „Frieden Christi".

Stellen Sie sich diese Frage: „Wie würde mein Leben aussehen, wenn ich in der Überzeugung leben würde, dass diese Welt für mich ein absolut sicherer Ort ist, weil ich mich auf Gottes Charakter und Kompetenz verlassen kann?"

„Ich hätte weniger Angst. Ich hätte das feste Vertrauen, dass mein Leben ganz in den Händen Gottes aufgehoben ist. Ich wäre nicht von meiner eigenen Unzulänglichkeit gequält.

Ich wäre nicht so gehetzt. Ich wäre vielleicht beschäftigt und hätte viele Dinge zu tun, aber ich hätte eine innere Ruhe und Gelassenheit, die der Gegenwart Gottes entspringt. Ich würde nicht so viele dumme Dinge sagen, die ich jetzt sage, weil ich rede, ohne zu denken.

Ich wäre nicht von Schuld niedergeschmettert. Ich würde in der Sicherheit leben, die aus der Garantie der Liebe Gottes kommt.

Ich würde Gott genügend vertrauen, um es zu riskieren, ihm zu gehorchen. Ich würde keine Schätze horten müssen. Sorgen bringen mich dazu, mich um mich selbst zu drehen. Sie rauben mir Freude, Energie und Leidenschaft.

Ein Mensch, in dem der Friede Christi regiert, wäre eine Oase der Ruhe in einer Welt voller Chaos.

Eine Gemeinschaft, in der der Friede Christi regiert, könnte die Welt verändern."

Da dieser großartige Gott unter uns wohnt,

haben wir in Jesus

die Garantie,

dass unser Universum

für uns ein äußerst sicherer Ort ist.

Dallas Willard

Berge mögen von ihrer Stelle weichen und Hügel wanken,
aber meine Liebe zu dir kann durch nichts erschüttert werden
und meine Friedenszusage wird niemals hinfällig.
Das sage ich, der Herr, der dich liebt.
Jesaja 54,10

Wohin kann ich gehen, um dir zu entrinnen,
wohin fliehen, damit du mich nicht siehst?
Steige ich hinauf in den Himmel – du bist da.
Verstecke ich mich in der Totenwelt – dort bist du auch.
Fliege ich dorthin, wo die Sonne aufgeht,
oder zum Ende des Meeres, wo sie versinkt:
auch dort wird deine Hand nach mir greifen,
auch dort lässt du mich nicht los.
Psalm 139,7-10

Sei mutig und entschlossen!
Hab keine Angst und lass dich durch nichts erschrecken;
denn ich, der Herr, dein Gott, bin bei dir, wohin du auch gehst!
Josua 1,9

Glücklich werden

Der Ethiker Richard Mouw wurde von einigen Freunden, die im kirchlichen Dienst standen, gebeten, mit ihnen zusammen ein Konzert der *Rolling Stones* zu besuchen, weil sie, wie sie sagten, einige theologische Überlegungen zur Popkultur anstellen wollten. So kam es, dass eine Gruppe von Klerikern mittleren Alters ein Konzert der *Voodoo Lounge*-Tournee besuchte. Sie riefen ihre Kinder übers Handy an und ließen sie die Vorgruppe, die *Red Hot Chilli Peppers*, hören, damit die Kinder glaubten, dass ihre Väter tatsächlich auf dem Konzert waren.

Einer der Pastoren fragte Mouw: „Hier sind jetzt 85.000 Menschen versammelt; mehr als an diesem Wochenende in allen Kirchen und Synagogen Pasadenas sein werden. Was würdest du diesen Menschen sagen, wenn du die Gelegenheit dazu hättest?“

Mouw hatte nicht die leiseste Ahnung – bis Mick Jagger das bekannteste Lied der *Stones* anstimmte: „Satisfaction“. 85.000 Menschen stimmten ein: „I can't get no satisfaction. But I try ... (Ich kann keine Befriedigung finden, doch ich versuche es immer weiter ...)“

Mick Jagger und 85.000 Fans waren zu demselben Schluss gekommen wie der Autor des Buches Kohelet: Tolles Essen, toller Sex, grenzenloser Ruhm, endloser Reichtum, enorme Macht – wir mögen clever genug sein, das alles zu erreichen, aber es schenkt uns noch lange keine Zufriedenheit. Die

Jagd nach diesen Dingen stellt sich letztlich als belanglos heraus. Es tritt immer wieder ein Hunger an die Oberfläche, den sie nicht stillen können.

Aber warum sind wir so frustriert, so unzufrieden? Die zumindest teilweise erstaunliche Antwort lautet, dass unser Frust von Gott selbst kommt. Gott wusste, dass wir nach dem Sündenfall versuchen würden, uns unsere eigenen Götter zu schaffen und unser Leben der sinnlosen Jagd nach Spaß, Wohlstand, Macht oder Ansehen zu widmen. Deshalb sagte er, dass es eine Folge des Sündenfalls sein würde, dass keines dieser Dinge unserer Seele Zufriedenheit bringen würde. Mit unserem Streben nach diesen Dingen wird immer ein gewisses Maß der Unzufriedenheit und Enttäuschung verbunden sein.

Gottes Hoffnung ist, dass wir irgendwann aufhören, grenzenlose Befriedigung von begrenzten Dingen zu erwarten. Er hofft, dass wir eines Tages erkennen, dass wir keine Zufriedenheit erlangen können, so sehr wir es auch versuchen, und stattdessen zu ihm nach Hause kommen. In diesem Sinne ist Frust fast so etwas wie ein Geschenk. Frust ist eine Form der Liebe Gottes für Menschen, die sonst ihr Leben mit sinnlosem Streben nach Belanglosem vergeuden würden.

Wir sollen vor allem nach dem Reich Gottes und seiner Gerechtigkeit streben, sagt Jesus in der Bergpredigt, dann würde uns alles andere dazugegeben. Alles andere ist vergebliches Mühen.

Der Mensch ist seit der Vertreibung aus dem Paradies von Grund auf unzufrieden. Aber Gott liebt uns sogar mit unseren armseligen, unstillbaren Wünschen. Tatsächlich lässt sich echte Zufriedenheit nur in einem authentischen Leben finden, das in Gottes Liebe gegründet ist. „Unruhig ist unser Herz, bis es Ruhe findet, Gott, in dir“, sagte Augustinus.

In Gottes **Liebe** und **Fürsorge** zu leben
ist für den Menschen
die einzige **Hoffnung,**
wirklich glücklich zu werden.

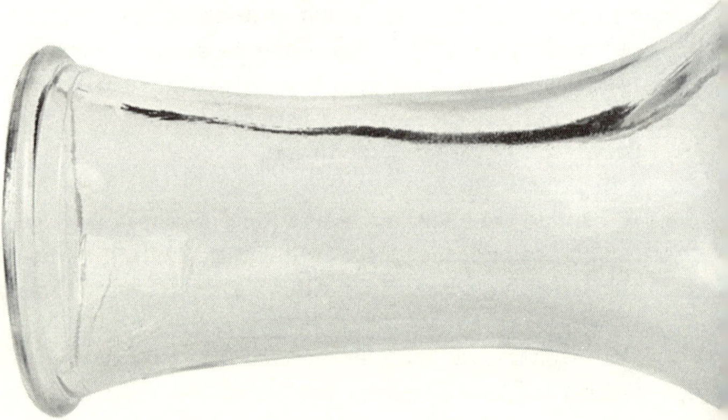

Her, wer Durst hat! Hier gibt es Wasser!
Auch wer kein Geld hat, kann kommen!
Kauft euch zu essen!
Es kostet nichts! Kommt, Leute, kauft Wein und Milch!
Zahlen braucht ihr nicht!
Warum gebt ihr euer Geld aus für Brot, das nichts taugt,
und euren sauer verdienten Lohn für Nahrung, die nicht satt macht?
Hört doch auf mich, dann habt ihr es gut
und könnt euch an den erlesensten Speisen satt essen!
Hört doch, kommt zu mir! Hört auf mich, dann werdet ihr leben!
Ich will mit euch einen unauflöslichen Bund schließen.
Die Zusagen, die ich David gegeben habe,
sind nicht ungültig geworden:
An euch werde ich sie erfüllen.
Jesaja 55,1–3

Das Geheimnis eines glücklichen Lebens

Gott hält für jeden von uns Freude bereit. Jeder von uns ist so geschaffen, dass er Dinge auf ganz einzigartige Weise tun und wahrnehmen kann. Gott hat Sie dazu geschaffen, die Freude zu erleben, ein Lehrer oder Helfer oder Ermutiger oder Gestalter zu sein, und wenn Sie diese besondere Gabe entdecken und ausleben, dann werden Sie Freude erleben. Und Gott hat Sie dazu geschaffen, die Freude zu erleben, die Gaben der Menschen um Sie herum zu sehen und zu feiern. Wenn Sie Ihre Gaben anbieten (lassen Sie sie los) und demütig die Gaben anderer annehmen, wird Ihre Freude vollkommen sein.

Wenn nicht, wenn Sie sich Ihr Leben lang nach der Freude sehnen, die anderen gehört, werden Sie am Ende überhaupt keine Freude haben.

Ich habe gelernt,
dass eine **überwältigende Freude**
im Geben liegt.
Das Geben ist ein wichtiger Teil
der Freude am Leben.

William Black

Wahre Freude
stellt sich nicht in der Sorglosigkeit
oder im Reichtum oder darin ein,
dass man von anderen Menschen
bewundert wird, sondern darin,
dass man etwas Dauerhaftes schafft.

Sir Wilfred Grenfell

Aufmerksamkeit verschenken

Wenn Sie so handeln wollen, wie Gott handelt, dann schenken Sie anderen Menschen Ihre Aufmerksamkeit. **Nehmen Sie sie wahr.** Nehmen Sie vor allem die Menschen wahr, die sonst niemand beachtet. Wenn Sie jemandem Ihre Aufmerksamkeit schenken, wenn Sie sich völlig auf jemanden konzentrieren, dann vermitteln Sie ihm: „Du bist im Moment das Wichtigste für mich."

Liebe ist eine Form von Arbeit. Scott Peck schreibt: „Die wichtigste Form der Liebe ist Aufmerksamkeit. Wenn wir einen anderen Menschen lieben, schenken wir ihm unsere Aufmerksamkeit; damit tragen wir zum geistlichen Wachstum dieses Menschen bei."

Gott schenkt uns echte Aufmerksamkeit: „Selbst die Haare auf euren Köpfen sind gezählt", sagt Jesus. Wir verstehen es oft als Zeichen der Liebe, wenn jemand bemerkt, dass wir einen neuen Haarschnitt haben. Gott hat jedes unserer Haare gezählt. Wenn eines ausfällt, merkt er es. (Leider ersetzt er es in den meisten Fällen nicht, aber er nimmt den Verlust zumindest wahr.) Gott merkt Dinge, über die selbst Ihre Mutter nie nachgedacht hat. Und wenn wir in der Liebe Gottes leben, fangen wir an, anderen Menschen dieselbe Aufmerksamkeit zu schenken.

Jesus sagte:
*„Kauft man nicht zwei Spatzen für einen Groschen?
Und doch fällt nicht einmal ein Spatz auf die Erde,
ohne dass euer Vater es weiß.
Bei euch aber ist sogar jedes Haar auf dem Kopf gezählt.
Habt also keine Angst:
Ihr seid Gott mehr wert als ein ganzer Schwarm Spatzen!*
Matthäus 10,29–31

Love Story

Ein Pharisäer hatte Jesus zum Essen eingeladen. Jesus ging in sein Haus und legte sich zu Tisch. In derselben Stadt lebte eine Frau, die als Prostituierte bekannt war. Als sie hörte, dass Jesus bei dem Pharisäer eingeladen war, kam sie mit einem Fläschchen voll kostbarem Salböl. Weinend trat sie an das Fußende des Polsters, auf dem Jesus lag, und ihre Tränen fielen auf seine Füße. Mit ihren Haaren trocknete sie ihm die Füße ab, bedeckte sie mit Küssen und salbte sie mit dem Öl. Als der Pharisäer, der Jesus eingeladen hatte, das sah, sagte er sich: „Wenn dieser Mann wirklich ein Prophet wäre, wüsste er, was für eine das ist, von der er sich da anfassen lässt! Er müsste wissen, dass sie eine Hure ist." Da sprach Jesus ihn an: „Simon, ich muss dir etwas sagen!" Simon sagte: „Lehrer, bitte sprich!" Jesus begann: „Zwei Männer hatten Schulden bei einem Geldverleiher, der eine schuldete ihm fünfhundert Silberstücke, der andere fünfzig. Weil keiner von ihnen zahlen konnte, erließ er beiden ihre Schulden. Welcher von ihnen wird ihm wohl dankbarer sein?" Simon antwortete: „Ich nehme an: der, der ihm mehr geschuldet hat." „Du hast Recht", sagte Jesus.

Dann wies er auf die Frau und sagte zu Simon: „Sieh diese Frau an! Ich kam in dein Haus und du hast mir kein Wasser für die Füße gereicht; sie aber hat mir die Füße mit Tränen gewaschen und mit ihren Haaren abgetrocknet. Du gabst mir keinen Kuss zur Begrüßung, sie aber hat nicht aufgehört, mir die Füße zu küssen, seit ich hier bin. Du hast meinen Kopf nicht mit Öl gesalbt, sie aber hat mit kostbarem Öl meine Füße gesalbt. Darum sage ich dir: Ihre große Schuld ist ihr vergeben worden. Eben deshalb hat sie mir so viel Liebe erwiesen. Wem wenig vergeben wird, der zeigt auch nur wenig Liebe."

Dann sagte Jesus zu der Frau: „Deine Schuld ist dir vergeben ... Dein Vertrauen hat dich gerettet. Geh in Frieden!"
Lukas 7,36–50

Liebe ist erst dann echte Liebe, wenn sie **gibt.**

Ich soll nicht nur Gott Aufmerksamkeit schenken, sondern auch den Menschen, die ihm so wichtig sind. Jemanden zu lieben bedeutet, ihm Aufmerksamkeit zu schenken. Die Liebe nimmt Menschen wahr. **Die Liebe hört zu.** Die Liebe erinnert sich.

Das ist Ihr Tag. Das ist Ihre Chance, Gottes Arbeit zu tun. Verpassen Sie diese Gelegenheit nicht, denn sie wird nicht wieder kommen. Die Nacht bricht an. **Nutzen Sie das verbleibende Tageslicht.**

Wir sind ganz und gar Gottes Werk.
Durch Jesus Christus hat er uns so geschaffen,
dass wir nun Gutes tun können.
Er hat sogar unsere guten Taten im Voraus geschaffen,
damit sie nun in unserem Leben Wirklichkeit werden.
Epheser 2,10

Nehmt also Gott zum Vorbild!
Ihr seid doch seine geliebten Kinder!
Euer ganzes Leben soll von der Liebe bestimmt sein.
Denkt daran, wie Christus uns geliebt
und sein Leben für uns gegeben hat,
als eine Opfergabe, an der Gott Gefallen hatte.
Epheser 5,1–2

Ihr seid von Gott erwählt,
der euch liebt und zu seinem heiligen Volk gemacht hat.
Darum zieht nun wie eine neue Bekleidung alles an,
was den neuen Menschen ausmacht:
herzliches Erbarmen, Freundlichkeit, Bescheidenheit, Milde, Geduld.
Ertragt einander!
Seid nicht nachtragend, wenn euch jemand Unrecht getan hat,
sondern vergebt einander, so wie der Herr euch vergeben hat.
Und über das alles zieht die Liebe an,
die alles andere in sich umfasst.
Sie ist das Band,
das euch zu vollkommener Einheit zusammenschließt.
Epheser 3,12–14

„Wir sind über alle Maßen geliebt –
das ist die

gute Nachricht

des Evangeliums. [...]
Wenn wir als Menschen zusammenkommen,
die glauben, dass dieses Evangelium wirklich
wahr sein könnte, dann sollte es so sein,
als kämen Menschen zusammen,
die gerade beim Pferderennen
gewonnen haben."

Frederick Buechner

Es ist ein Wunder

Das Wunder der Liebe Gottes für uns armselige Menschen besteht darin, dass er sich in einem ganzen Universum, das seinem Willen gehorcht, in einem schönen und geordneten Kosmos, ausgerechnet um einen kleinen, kranken Planeten in einer abgelegenen Ecke einer mickrigen Galaxis interessiert. Es wäre für ihn leichter, diesen Planeten einfach auszulöschen. Ein Planet voller Rebellen scheint zu unbedeutend zu sein, um die Zeit und Leidenschaft zu rechtfertigen, die Gott in ihn investiert. Es scheint vergebliche Liebesmüh zu sein. Das Wunder der Liebe Gottes besteht darin, dass er Mensch wurde, als Handwerker arbeitete, hungrig, müde und schwach war, lehrte und sogar um Sie und mich weinte. Und am Ende war das Bemühen Gottes um diese Welt nicht mehr umsonst. Seit Gott Mensch wurde. Seit dem Kreuz.

Ihr Lieben, wenn Gott uns so sehr geliebt hat,
dann müssen auch wir einander lieben.
Niemand hat Gott je gesehen.
Aber wenn wir einander lieben, lebt Gott in uns.
Dann hat seine Liebe bei uns ihr Ziel erreicht.
1. Johannes 4,11–12

Ich bitte ihn, dass er euch aus dem Reichtum seiner Herrlichkeit
beschenkt und euch durch seinen Geist innerlich stark macht.
Ich bitte ihn, dass Christus durch den Glauben in euch lebt
und ihr fest in seiner Liebe wurzelt und auf sie gegründet seid.
Ich bitte ihn, dass ihr zusammen mit der ganzen Gemeinschaft
der Glaubenden begreifen lernt, wie unermesslich reich
euch Gott beschenkt. Ihr sollt die Liebe erkennen,
die Christus zu uns hat und die alle Erkenntnis übersteigt.
So werdet ihr immer umfassender Anteil bekommen
an der ganzen Fülle des Lebens mit Gott.
Epheser 3,16–19

Christus gab sein Leben für uns hin;
daran haben wir erkannt, was Liebe ist.
Auch wir müssen deshalb unser Leben
für unsere Brüder und Schwestern einsetzen.
Meine Kinder, unsere Liebe darf nicht nur
aus schönen Worten bestehen.
Sie muss sich in Taten zeigen, die der Wahrheit entsprechen.
1. Johannes 3,16–18

Gott lässt es regnen für die Dankbaren
und die Undankbaren.
Er gibt den schlimmsten Schurken Geld,
Eigentum und alle möglichen Besitztümer.
Warum tut er das?
Er tut es aus **echter,** reiner Liebe.
Sein Herz ist voll und fließt über vor Liebe.
Er schüttet seine Liebe aus über allen,
keinen lässt er aus, weder Gute noch
Schlechte, Würdige und Unwürdige.
Diese Liebe ist gerecht, göttlich,
umfassend und vollkommen.
Sie grenzt niemanden aus.
Sie teilt die Menschen nicht
in verschiedene Gruppen.
Gott schenkt seine Liebe allen.

Martin Luther

Gottes Liebe hat

keine Grenzen,

seine Gnade hat

kein Maß,

seine Kraft hat

niemals

ein Ende.

Gott spricht zu seinem Volk

Eine der schönsten Stellen in der Bibel befindet sich in Jesaja 43. Gott spricht zu seinem Volk, und auch wenn diese Worte an das Volk Israel gerichtet sind, gelten sie ebenfalls Ihnen und mir. Lesen Sie sie und lassen Sie sie Gottes Wort für Sie persönlich sein.

„Ich habe dich bei deinem Namen gerufen, du gehörst mir!
Musst du durchs Wasser gehen, so bin ich bei dir;
auch in reißenden Strömen wirst du nicht ertrinken.
Musst du durchs Feuer gehen, so bleibst du unversehrt;
keine Flamme wird dir etwas anhaben können.
[Denn Gott ist ein großer Gott
auch wenn du ihn nicht hören oder sehen kannst,
ist er immer bei dir.
Er nimmt sein Auge nicht von dir.]
Denn ich bin der Herr, dein Gott;
ich, der heilige Gott Israels, bin dein Retter …
… weil du mir so viel wert bist und ich dich liebe.“
Jesaja 43,1–4

Vielleicht wollen Sie sich ja den letzten Vers auf ein Kärtchen schreiben, das Sie immer bei sich tragen: „Weil du mir so viel wert bist und ich dich liebe." Sie sind von Gott geliebt. Was müssen Sie sonst noch leisten, erreichen oder beweisen? Sie sind von Gott geliebt. Wen müssen Sie sonst noch beeindrucken? Welche Leiter müssen Sie sonst noch erklimmen?

Sie sind von Gott geliebt.

Können Sie Ihrem Lebenslauf etwas hinzufügen, das dies übertreffen könnte?

Wie wäre es, wenn Sie sich auf das Experiment einlassen würden, in der Liebe Gottes zu leben? An jedem Tag könnte Ihr erster Gedanke, wenn Sie aufwachen, sein: „Ich bin von Gott geliebt." Und jeden Abend, wenn Sie zu Bett gehen, könnte Ihr letzter Gedanke sein: „Ich bin von Gott geliebt."

Schreiben Sie sich diese Worte auf und tragen Sie sie immer bei sich. Wenn Sie kurz davor sind zu verzweifeln, weil Sie etwas versiebt haben, dann lesen Sie diese Worte. Wenn Sie morgens aufwachen und merken, dass Sie sich von all dem überwältigen lassen, was an diesem Tag auf Sie zukommt, dann lesen Sie diese Worte.

Lesen Sie diese Worte, wenn Sie in der Versuchung stehen, zu sündigen und Gott nicht zu ehren; wenn Sie versucht sind, voller Wut aus der Haut zu fahren, einen anderen Menschen zu verletzen, zu täuschen oder zu missbrauchen; wenn Sie Angst haben; wenn Sie einsam sind. Denken Sie an diese Wort, die Leben bedeuten, und schwelgen Sie in ihnen: „Ich bin von Gott geliebt. Ich bin Gottes geliebtes Kind."

Der Gott, der Sie liebt, ist größer, als Sie sich vorstellen können. Sie sehen oder hören ihn vielleicht nicht, aber er ist da. Er sieht Sie.

Die **Freude**

am **Herrn**

umgibt euch wie

eine schützende

Mauer.

Nehemia 8,10

Teil 2

Wenn Freude überschäumt

Tanz [tants] <m.> *Vielfältige Bewegungen des eigenen Körpers als Ausdruck innerer Gefühle*

Freude [ˈfroidə] <f.> *Gefühl oder Zustand großen Vergnügtseins oder Glücks*

Freudentanz [ˈfroidntants] <m.> *einfach gehaltener Tanz, der überschäumende Freude ausdrückt*

Der Freudentanz

Vor einiger Zeit badete ich meine drei Kinder. Ich hatte mir angewöhnt, alle drei gleichzeitig zu baden, hauptsächlich um Zeit zu sparen. Einmal war Laura noch in der Wanne, Johnny war gerade rausgekommen, und Mallory war bereits fertig, und ich versuchte, sie zu erwischen, um sie abzutrocknen. Aber sie führte einen Freudentanz auf. Der bestand überwiegend daraus, dass sie immer im Kreis herum tanzte und dazu sang: „Di-Da-Dä." Wenn sie so glücklich ist, dass sie es nicht mehr bei sich behalten kann, wenn sie keine Worte findet, die ihre Begeisterung angemessen ausdrücken können, dann muss sie tanzen, um ihrer Freude Ausdruck zu verleihen.

Bei dieser Gelegenheit aber war ich ärgerlich. „Mallory, beeil dich!" Das machte sie auch - und zog ihre Kreise schneller und sang den Text in doppeltem Tempo. „Nein, Mallory, das meine ich nicht! Hör mit diesem Herumgehüpfe auf und komm her, damit ich dich abtrocknen kann. Los, mach schon!"

Daraufhin stellte sie mir eine tiefgründige Frage:

„Warum?"

Ich hatte keine Antwort. Ich musste nirgendwo hingehen, hatte nichts Konkretes zu tun, keine Termine, keine Predigt, die ich vorbereiten musste. Ich war es einfach gewohnt, mich zu beeilen, war so beschäftigt mit meinem eigenen

Programm, so in der Routine gefangen, eine Aufgabe nach der anderen zu erledigen, dass direkt vor mir eine Einladung zum Tanz vor mir stand – und ich war dabei, sie zu verpassen.

Also stand ich auf und tanzte den Freudentanz gemeinsam mit Mallory.

Für Mallory sieht das Leben ganz anders aus als meins. Sie lebt einfach. Wenn sie badet, ist das ein Grund zur Freude. Und wenn es Zeit ist, sich abzutrocknen, freut sie sich wieder. Und wenn sie trocken ist, ist Zeit für den nächsten freudigen Moment. Das Leben ist für sie eine Reihe von fröhlichen Augenblicken. Jeder Augenblick trägt die Möglichkeit zum Feiern in sich. Mallory verpasst nicht viele davon. Sie bringt mir bei, mich zu freuen.

Freude steht im Zentrum der Absichten Gottes mit uns Menschen. Freude steht im Zentrum von Gottes Wesen. Wir werden nie verstehen können, wie wichtig Freude für uns ist, wenn wir nicht verstehen, wie wichtig Freude für Gott ist.
Ich vermute, dass die meisten von uns Gottes Fähigkeit, sich zu freuen, völlig unterschätzen.

Freude ist im Himmel eine ernst zu nehmende Angelegenheit.
C. S. Lewis

Er wird dich wieder lachen lassen
und dir Grund zum Jubel geben.
Hiob 8,21

Herr, lass dein Angesicht über uns leuchten!
Du legst mir größere Freude ins Herz,
als andere haben bei Korn und Wein in Fülle.
Psalm 4,6–7 (Elberfelder)

Wer Gott gehorcht, auf den wartet Freude.
Sprüche 10,28 (Hoffnung für alle)

Unter Jubel werdet ihr den Weg in die Freiheit antreten,
mit sicherem Geleit werdet ihr heimkehren.
Berge und Hügel werden in ein Freudengeschrei ausbrechen,
wenn sie euch sehen, und die Bäume der Steppe
werden in die Hände klatschen.
Jesaja 55,12

Die Geburt des Freudenbringers

Zu jener Zeit ordnete Kaiser Augustus an, dass alle Menschen in seinem Reich gezählt und für die Steuer erfasst werden sollten. Diese Zählung war die erste und wurde durchgeführt, als Quirinius Statthalter der Provinz Syrien war. Und alle gingen hin, um sich einschreiben zu lassen, jeder in die Heimatstadt seiner Vorfahren. Auch Josef machte sich auf den Weg. Aus Galiläa, aus der Stadt Nazaret, ging er nach Judäa in die Stadt Davids, nach Betlehem. Denn er stammte aus der Familie von König David. Dorthin ging er, um sich einschreiben zu lassen, zusammen mit Maria, seiner Verlobten; die war schwanger. Während sie dort waren, kam für Maria die Zeit der Entbindung. Sie gebar ihren Sohn, den Erstgeborenen, wickelte ihn in Windeln und legte ihn in eine Futterkrippe im Stall. Denn in der Herberge hatten sie keinen Platz gefunden.

In jener Gegend waren Hirten auf freiem Feld, die hielten Wache bei ihren Herden in der Nacht. Da trat der Engel des Herrn zu ihnen, und die Herrlichkeit des Herrn umstrahlte sie, und sie fürchteten sich sehr. Aber der Engel sagte zu ihnen: „Habt keine Angst! Ich habe eine große Freudenbotschaft für euch und für das ganze Volk. Heute ist euch der Retter geboren worden, in der Stadt Davids: Christus, der Herr! Und dies ist das Zeichen, an dem ihr ihn erkennt: Ihr werdet ein neugeborenes Kind finden, das liegt in Windeln gewickelt in einer Futterkrippe." Und plötzlich war bei dem Engel ein ganzes Heer von Engeln, all die vielen, die im Himmel Gott dienen; die priesen Gott und riefen:

„Groß ist von jetzt an Gottes Herrlichkeit
im Himmel; denn sein Frieden
ist herabgekommen auf die Erde
zu den Menschen, die er erwählt hat und liebt!"

Als die Engel in den Himmel zurückgekehrt waren, sagten die Hirten zueinander: „Kommt, wir gehen nach Betlehem und sehen uns an, was da geschehen ist, was Gott uns bekannt gemacht hat!" Sie liefen hin, kamen zum Stall und fanden Maria und Josef und bei ihnen das Kind in der Futterkrippe. Als sie es sahen, berichteten sie, was ihnen der Engel von diesem Kind gesagt hatte. Und alle, die dabei waren, staunten über das, was ihnen die Hirten erzählten. Maria aber bewahrte all das Gehörte in ihrem Herzen und dachte viel darüber nach. Die Hirten kehrten zu ihren Herden zurück und priesen Gott und dankten ihm für das, was sie gehört und gesehen hatten. Es war alles genauso gewesen, wie der Engel es ihnen verkündet hatte.
Lukas 2,1–20

Jesus kam als **Freudenbringer.**

Die Freude, die wir bei einem glücklichen Kind sehen, ist nur ein Bruchteil der Freude, die im Herzen Gottes wohnt.

Das Evangelium ist die frohe Botschaft von Christus, unserem Erlöser. Wer richtig predigt, der predigt das Evangelium und nichts als Freude. Welche größere Freude könnte es für uns geben, als zu wissen, dass Christus für uns gegeben wurde? Der Verkündigungsengel sagt nicht einfach nur: „Christus ist heute geboren", sondern er drückt aus, dass uns seine Geburt unmittelbar angeht, indem er sagt: „euer Retter".

Im Kern des Evangeliums geht es nicht darum, etwas über das Leben und Wirken Jesu zu erfahren, sondern um die persönliche Bedeutung, die dieses Leben für jeden hat, der glaubt. Unabhängig davon, wie schlecht es gepredigt wird, hört mein Herz das Evangelium mit Freude. Es durchbricht alle Mauern und entfaltet seinen wunderbaren Klang.

Martin Luther

Wenn Sie an der Freude vorbeileben
heißt das,
dass Sie am Grund für Ihre Existenz
vorbeileben.

Lewis Smedes

Der Gott der Freude

Wir werden Gott nicht wirklich kennen, solange wir nicht begriffen haben, dass es kein Wesen in diesem Universum gibt, das so sehr mit Freude erfüllt ist wie er. Freude entspricht Gottes Grundeinstellung. Freude ist seine ewige Bestimmung. Gott ist das freudigste Wesen im Universum.

Gottes Absicht war, dass seine Schöpfung seine Freude widerspiegeln sollte. Der Psalmist spricht von der Sonne, die hervorkommt: „Wie der Bräutigam aus dem Brautgemach, wie ein Sieger betritt sie ihre Bahn“ (Psalm 19,6). Das ist nicht einfach eine etwas blumige Sprache, sondern es ist die wunderbare Schöpfung, die Gottes unermüdliche Freude über ihre bloße Existenz ausdrückt, die Freude, zu existieren und zu wissen, dass die eigene Existenz gut ist. Als Geschöpfe Gottes, die nach seinem Bild geschaffen sind, sollen wir Gottes glühende Freude am Leben widerspiegeln.

Deshalb spricht die Bibel nicht nur davon, dass wir Freude ganz allgemein brauchen, sondern sie spricht von der besonderen Art von Freude, die das Wesen Gottes kennzeichnet.

Nachdem Jesus seine Jünger über Gehorsam gelehrt hatte, erklärte er ihnen, dass sie mit Freude erfüllt werden sollten, aber nicht mit *irgendeiner* Freude: „Ich habe euch dies gesagt, damit *meine* Freude euch erfüllt und an eurer Freude nichts mehr fehlt“
(*Johannes 15,11*; eigene Kursivsetzung).

Das Problem mit uns Menschen, sagt Jesus, ist nicht, dass wir für Gottes Geschmack zu glücklich sind, sondern dass wir nicht glücklich genug sind.

Freude

ist das Echo

des göttlichen Lebens in uns.

Joseph Marmion

Freut euch immerzu,
mit der Freude, die vom Herrn kommt!
Und noch einmal sage ich:
Freut euch!

Philipper 4,4

Herr, **schenke**
uns deine Liebe jeden Morgen neu!
Dann können wir singen
und uns **freuen,**
so lange wir leben!

Psalm 90,14 (Hoffnung für alle)

Freude
ist das verlässlichste Anzeichen
für die Gegenwart Gottes.

Leon Bloy

Der freudlose Mann

Frank, wie wir ihn hier nennen wollen, war ein griesgrämiger Kerl. Er lächelte nicht oft, und wenn, dann hatte dieses Lächeln meist eine grausame Komponente und ging auf Kosten anderer. Er hatte ein Talent dazu, die Inseln der schlechten Nachrichten in einem Ozean der Glückseligkeit zu entdecken. Er fand immer eine Wolke, wenn andere einen Silberstreif am Horizont sahen.

Frank gab nur selten jemandem Recht. Er war der Meinung, dass es den Leuten nur zu Kopf steigt, wenn man ihnen Komplimente macht, deshalb setzte er alles daran, dass die Leute demütig blieben. Er hatte die Gabe, andere einen Kopf kürzer zu machen.

Seine Muttersprache war die Beschwerde. Er trug Verurteilung und Missbilligung mit sich herum, wie ein Gefangener Kugel und Kette am Bein hinter sich herschleppt. Obwohl er sein Leben lang zur Kirche ging, wurde er nie von seinen Fesseln befreit.

Ein Diakon der Gemeinde fragte ihn einmal: „Frank, bist du glücklich?“

Frank überlegte einen Augenblick, dann antwortete er ohne ein Lächeln: „Ja.“

„Dann solltest du das mal deinem Gesichtsausdruck erzählen“, sagte der Diakon. Aber soweit bekannt ist, erfuhr Franks Gesichtsausdruck nie etwas davon.

Manchmal endete Franks Freudlosigkeit in einer Komödie, aber meistens produzierte sie Traurigkeit. Seine Kinder kannten ihn kaum. Sein Sohn konnte eine wunderschöne Geschichte darüber erzählen, wie er seine Frau bei einer Tanzveranstaltung kennen gelernt hatte. Aber er erzählte diese Geschichte nie seinem Vater, weil Frank nichts von Tanzveranstaltungen hielt.

Frank konnte seine Frau, seine Kinder oder Menschen außerhalb seiner Familie nicht lieben. Er war leicht reizbar. Er verachtete Arme und hatte für Menschen, deren Sprache oder Hautfarbe sich von der seinen unterschieden, nur beiläufige Verachtung übrig. Sollte er jemals die Fähigkeit gehabt haben, sich zu freuen, zu staunen oder dankbar zu sein, so war sie inzwischen restlos verkümmert. Er kritisierte, verurteilte und beschwerte sich, und seine Seele wurde Jahr für Jahr immer kleiner.

Frank veränderte sich nicht. Er war ein griesgrämiger junger Mann und wuchs zu einem griesgrämigen alten Mann heran. Schlimmer noch als die Tatsache, dass er sich nicht veränderte, war die Tatsache, dass eigentlich niemand davon überrascht war. Es schien so, als ob jeder einfach erwartete, dass er von Jahr zu Jahr, von Jahrzehnt zu Jahrzehnt vertrockneter und sauertöpfischer werden würde. Keiner schien sich an diesem Zustand zu stören. Es war keine Anomalie, die Kopfschütteln und Befremden auslöste. Es wurden keine Berater hinzugezogen. Keine Notstandssitzungen abgehalten, weil der seltene Fall eingetreten war, dass ein Mensch den Richtlinien der Gemeinde für geistliches Leben folgte und doch nicht verändert wurde.

Aber in der Bibel ist **Freude** keine Möglichkeit, sondern ein **Befehl.** Freudlosigkeit ist eine ernst zu nehmende Sünde, zu der vor allem religiöse Menschen neigen. Eine Sünde, die von der Kirche wohl am ehesten toleriert wird. Sie ist selten das Objekt von Gemeindezucht.

Es gibt ein Wesen in diesem Universum, das gerne sehen würde, wenn Sie ein freudloses Dasein führen, aber dieses Wesen ist *nicht* Gott.

Freude bedeutet Kraft

Gott lädt uns dazu ein, uns jeden Augenblick unseres Lebens zu freuen, weil jeder Augenblick des Lebens ein Geschenk ist. Wir verdienen es nicht, können es nicht kontrollieren, können keinen Augenblick als selbstverständlich hinnehmen. Jede Sekunde ist ein Geschenk Gottes. Jeder Tag ist ein Freudentag.

Wir haben die Bedeutung und Notwendigkeit von Freude bei weitem unterschätzt. Freude ist Kraft. Ohne Freude werden wir schwach. Oder wie Dallas Willard es formuliert: „Wenn man es nicht schafft, ein zutiefst befriedigendes Leben zu erreichen, führt das dazu, dass Sünde auf einmal gut zu sein scheint. Hier liegt die Stärke der Versuchung ... Normalerweise können wir Versuchungen erfolgreicher widerstehen, wenn wir glücklich sind. Wenn wir dagegen die Freude und das Vergnügen an unserem körperlichen und sozialen Leben streichen, weil sie vermeintlich ‚ungeistlich' sind, kann dies zur Folge haben, dass unsere Bemühungen *geschwächt* werden, das zu tun, was richtig ist."

Das ist das eigentliche Ziel für unser geistliches Leben:

Wir müssen unser Leben so organisieren, dass **Sünde** für uns nicht mehr verlockend aussieht.

Ich denke, dass es für uns an der Zeit ist – so seltsam es auch klingen mag –, Freude ernst zu nehmen.

Die Freude begegnet uns in den kleinen Dingen. Die großen Dinge bleiben tragisch. Wie von einem Sonnenstrahl getragen, wehte heute Morgen ein Blatt zum Fenster herein, ein Vogel ließ sich auf der Feuerleiter nieder, Freude schmeckte ich im Kaffee, von Freude wurde ich begleitet, als ich Zeitung holen ging. Das Geheimnis der Freude ist die Herrschaft über den Schmerz.

Anaïs Nin

Diesen Tag hat der Herr zum Festtag gemacht.
Heute wollen wir uns freuen und jubeln!
Psalm 118,24

Freut euch immerzu! Betet unablässig!
Dankt Gott in jeder Lebenslage!
Das will Gott von euch als Menschen,
die mit Jesus Christus verbunden sind.
1. Thessalonicher 5,16–18

Alle aber, die Gott die Treue halten,
freuen sich, wenn er sich zeigt.
Sie jubeln ihm zu, überwältigt von Freude.
Psalm 68,3

Ich bitte Gott, auf den sich unsere Hoffnung gründet,
dass er euch in eurem Glauben mit aller Freude
und allem Frieden erfüllt, damit eure Hoffnung
durch die Kraft des Heiligen Geistes immer stärker
und unerschütterlicher wird.
Römer 15,13

Auf der Jagd nach Freude

Sie können ein fröhlicher Mensch werden. Mit Gottes Hilfe ist dies möglich. Die Verfasser der biblischen Bücher würden es nicht propagieren, wenn es nicht möglich wäre. Aber Freude ist eine Fähigkeit, die man erst erlernen muss. Sie selbst müssen die Verantwortung für Ihre Freude übernehmen. Nicht Ihr Freund oder Ihre Freundin, nicht Ihre Eltern, nicht Ihr Ehepartner, nicht Ihre Kinder, nicht Ihr Chef – Ihre Freude liegt in Ihrer eigenen Verantwortung.

Wer lernen will, sich zu freuen, sollte sich vor allem in der Kunst des Feierns üben. Zum Feiern gehören normalerweise Aktivitäten, die Spaß machen: Wir treffen uns mit Menschen, die wir mögen, wir essen und trinken Gutes, singen, hören Musik und tanzen. Geistlich zu feiern bedeutet, all diese Dinge zu tun – und dabei über den wundervollen Gott nachzudenken, der uns solche unfassbaren Gaben schenkt.

Wenn wir das Leben wahrhaft feiern, dann üben wir uns darin, uns an den kleinsten Geschenken von Gott zu freuen. Wir können uns heute an etwas freuen, das wir gestern nicht einmal wahrgenommen haben. Unsere Fähigkeit zur Freude nimmt zu.

Der erste Schritt, um Freude zu lernen, ist ganz einfach: Fangen Sie **jetzt gleich** damit an!

Dieser heutige Tag, mit all seinen Unzulänglichkeiten, ist der große Freudentag.

Wir leben alle in der Illusion, dass die Freude eines Tages kommen wird, wenn sich bestimmte Dinge ändern. Wir gehen zur Schule und denken, dass wir glücklich sein werden, wenn wir unser Abitur in der Tasche haben. Wir sind Singles und sind überzeugt, dass wir glücklich sein werden, wenn wir verheiratet sind. Wir heiraten und beschließen, dass wir glücklich sein werden, wenn wir eines Tages Kinder haben. Wir haben Kinder und denken, dass wir glücklich sein werden, wenn sie groß sind und das Nest verlassen – und wenn es so weit ist, denken wir, dass wir glücklicher wären, wenn sie zu Hause geblieben wären.

„Heute ist Gottes Tag", sagt der Psalmist. Heute ist ein Tag, den Gott gemacht hat, ein Tag, der durch Jesu Tod erlöst ist. Wenn wir Freude erleben wollen, dann muss es heute sein.

Wenn wir uns heute nicht freuen, werden wir uns nie freuen. Wenn wir darauf warten, dass alle äußeren Umstände perfekt sind, werden wir immer noch warten, wenn wir sterben. Wenn wir uns freuen wollen, dann muss es heute sein. Denn dieser Tag ist der Tag, den Gott gemacht hat. Dieser Tag ist ein Freudentag.

Woran man einen Christen wirklich erkennt,
ist nicht der Glaube, noch nicht einmal die Liebe,
sondern Freude.
Samuel M. Shoemaker

Wenn Religion für Sie nichts mit Freude zu tun hat,
dann haben Sie das Christentum
noch nicht richtig verstanden.
Billy Sunday

Das riesige Geheimnis der Christen ist die Freude.
G. K. Chesterton

Jubelt dem Herrn zu, ihr Bewohner der Erde!
Stellt euch freudig in seinen Dienst!
Kommt zu ihm mit lautem Jauchzen!
Denkt daran: Der Herr allein ist Gott!
Er hat uns geschaffen und ihm gehören wir.
Sein Volk sind wir, er sorgt für uns
wie ein Hirt für seine Herde.
Geht durch die Tempeltore
mit einem Danklied,
betretet den Festplatz mit Lobgesang!
Preist ihn, dankt ihm für seine Taten!
Denn der Herr ist gut zu uns,
seine Liebe hört niemals auf,
von einer Generation zur anderen
bleibt er treu.

Psalm 100

Ihr persönlicher Freudentag

Wenn es uns nicht leicht fällt, uns zu freuen, dann sollten wir einen Tag pro Woche zu unserem persönlichen Freudentag erklären und ihn mit angenehmen Dingen füllen.

Nehmen Sie sich regelmäßig vor, an einem bestimmten Tag zu feiern, damit die Freude schließlich Ihr ganzes Leben durchdringt. Essen Sie an einem Tag in der Woche das, was Ihnen am allerbesten schmeckt, hören Sie Musik, die Sie in Ihrem tiefsten Inneren berührt, betreiben Sie eine Sportart, die Sie herausfordert, lesen Sie Bücher, die Ihren Geist erfrischen, tragen Sie Kleidung, in der Sie sich gut fühlen, umgeben Sie sich mit schönen Dingen – und danken Sie dabei Gott für seine große Güte. Denken Sie darüber nach, wie liebevoll dieser Gott sein muss, der Ihnen solche Dinge schenkt. Nehmen Sie sich die Zeit, um Freude zu erleben und auszukosten; lenken Sie Ihren Blick dann auf Gott, damit Sie *erkennen lernen*, dass er wirklich der Geber *aller* guten und vollkommenen Gaben ist. Nichts ist zu klein und unbedeutend, wenn es echte Freude in uns wecken kann und uns dazu bringt, uns voller Dankbarkeit und Freude Gott zuzuwenden.

Wenn wir für ein Leben **trainieren,**
das durch Freude, Frieden und Zuneigung gekennzeichnet ist, dann sollten wir davon ausgehen, dass uns einige der Übungen geradezu Spaß machen werden. Wir werden vielleicht Übungen entdecken, wie beispielsweise das Feiern, die immer wieder Staunen und Dankbarkeit in uns hervorrufen.

Gott stört es nicht, wenn wir uns freuen.
Im Gegenteil, es stört ihn, wenn wir traurig sind.
Er möchte, dass wir uns freuen.
Martin Luther

Eine freudige Überraschung

Am Tag nach dem Sabbat kam Maria aus Magdala in aller Frühe zum Grab, als es noch dunkel war. Sie sah, dass der Stein vom Eingang des Grabes entfernt war. Da lief sie zu Simon Petrus und zu dem Jünger, den Jesus besonders lieb hatte, und berichtete ihnen: „Sie haben den Herrn aus dem Grab genommen, und wir wissen nicht, wohin sie ihn gelegt haben!"

Petrus und der andere Jünger machten sich auf den Weg zum Grab. Sie liefen miteinander los, aber der andere Jünger lief schneller als Petrus und war als Erster am Grab. Er beugte sich vor und sah die Leinenbinden liegen, aber er ging nicht hinein. Als Simon Petrus nachkam, ging er sofort in die Grabkammer. Er sah die Leinenbinden und das Tuch, mit dem sie Jesus das Gesicht bedeckt hatten. Dieses Tuch lag nicht bei den Binden, sondern war getrennt davon zusammengelegt. Nun ging auch der andere Jünger hinein, der zuerst am Grab angekommen war. Er sah alles und kam zum Glauben. Denn sie hatten die Heiligen Schriften noch nicht verstanden, in denen doch steht, dass Jesus vom Tod auferstehen muss. Danach gingen die beiden Jünger nach Hause zurück.

Maria stand noch draußen vor dem Grab und weinte. Dabei beugte sie sich vor und schaute hinein. Da sah sie zwei weiß gekleidete Engel. Sie saßen an der Stelle, wo Jesus gelegen hatte, einer am Kopfende und einer am Fußende. „Frau, warum weinst du?", fragten die Engel. Maria antwortete:

„Sie haben meinen Herrn fortgetragen, und ich weiß nicht, wo sie ihn hingelegt haben!“ Als sie sich umdrehte, sah sie Jesus dastehen. Aber sie wusste nicht, dass es Jesus war. Er fragte sie: „Frau, warum weinst du? Wen suchst du?“ Sie dachte, er sei der Gärtner, und sagte zu ihm: „Herr, wenn du ihn fortgenommen hast, dann sag mir, wo du ihn hingelegt hast. Ich will hingehen und ihn holen.“ „Maria!“, sagte Jesus zu ihr. Sie wandte sich ihm zu und sagte: „Rabbuni!“ Das ist Hebräisch und heißt: Mein Lehrer! Jesus sagte zu ihr: „Halte mich nicht fest! Ich bin noch nicht zum Vater zurückgekehrt. Aber geh zu meinen Brüdern und sag ihnen von mir: Ich kehre zurück zu meinem Vater und eurem Vater, zu meinem Gott und eurem Gott.“ Maria aus Magdala ging zu den Jüngern und verkündete: „Ich habe den Herrn gesehen!“ Und sie richtete ihnen aus, was er ihr aufgetragen hatte.

Es war Abend geworden an jenem Sonntag.
Die Jünger waren beisammen und hatten aus Angst
vor den führenden Juden die Türen abgeschlossen.
Da kam Jesus, trat in ihre Mitte und sagte: „Frieden sei mit euch!“
Dann zeigte er ihnen seine Hände und seine Seite.
Als die Jünger den Herrn sahen, kam große Freude über sie.
Johannes 20,1–20

Kennzeichen Freude

Wir wissen, dass wir als Christen dazu berufen sind, irgendwie anders zu sein, etwas zu verändern. Aber wenn wir uns nicht durch größere und immer mehr wachsende Liebe und Freude auszeichnen, werden wir uns unvermeidlich nach einem Ersatzverhalten umsehen, durch das wir uns von den Menschen unterscheiden können, die sich nicht als Christen bezeichnen. Diesem Verhaltensmuster können religiöse Menschen praktisch nicht entgehen: Wenn wir uns nicht von innen nach außen verändern, sind wir der Versuchung ausgesetzt, uns äußerliche Methoden zu suchen, mit denen wir unser Bedürfnis befriedigen können, uns anders als die Menschen zu fühlen, die unseren Glauben nicht teilen. Wenn wir nicht verändert (transformiert) werden, dann geben wir uns damit zufrieden, informiert oder konformiert (angepasst) zu werden.

Unser Leben zählt, und zwar ganz. Jeder Augenblick ist potenziell eine Gelegenheit, von Gott in seinen Lebensstil hinein geleitet zu werden. Jeder Augenblick ist eine Chance, von Jesus zu lernen, wie wir im Reich Gottes leben können.

Jesus konzentrierte sich auf das, was bei den Menschen im Mittelpunkt ihres Lebens stand: Orientierten sie sich auf das Zentrum geistlichen Lebens hin (Liebe zu Gott und zu den Menschen) oder bewegten sie sich davon weg?

Von Rastlosigkeit geheilt werden

Wir leiden unter etwas, das man als „Hetzkrankheit“ bezeichnen könnte. Eine der großen Illusionen unserer Zeit ist, dass wir Zeit gewinnen, wenn wir uns mehr beeilen. Aber um geistlich gesund zu bleiben, müssen wir die Hetze konsequent aus unserem Leben verbannen.

Stellen Sie sich vor, dass Ihnen jemand dieses Rezept gibt, verbunden mit der Warnung, dass Ihr Leben davon abhängt. Denken Sie über die Möglichkeit nach, dass Ihr Leben unter Umständen vielleicht wirklich davon abhängt. Hetze ist heutzutage der größte Feind des geistlichen Lebens. Hetze kann unsere Seelen zerstören. Hetze kann uns davon abhalten, richtig zu leben.

Wieder und immer wieder müssen wir gegen die Hetze ankämpfen, wenn wir nach geistlichem Leben streben. Für viele von uns besteht die große Gefahr nicht darin, dass wir unseren Glauben aufgeben, sondern dass wir so abgelenkt, in Eile und beschäftigt sind, dass wir uns mit dem Mittelmaß zufrieden geben. Wir streifen unser Leben nur am Rande, statt es wirklich zu leben.

Wir müssen die Hetze konsequent aus unserem Leben verbannen. Das heißt nicht, dass wir nie beschäftigt sein werden. Jesus hatte eine Menge zu tun, aber er erledigte es nie auf eine Weise, die die lebensspendende Verbindung zwischen ihm und dem Vater trennen konnte. Er wollte immer Liebe weitergeben können, wenn Liebe gefordert war. Er zog sich regelmäßig aus allem zurück, um allein zu sein und zu beten. Jesus war oft beschäftigt, aber er war nie gehetzt.

Hetze hat nicht nur
etwas mit einem aus den Fugen
geratenen Terminkalender zu tun,
sondern auch mit einem
durcheinander geratenen Herzen.

Weil Hetze unsere Fähigkeit zur Liebe abtötet, ist sie der größte Feind unseres geistlichen Lebens. Hetze ist in den meisten Fällen der Auslöser von Ärger und Frustration. Hetze hält uns davon ab, Liebe von Gott zu empfangen oder sie an andere weiterzugeben. Deswegen war Jesus nie in Eile.

Wenn wir ihm nachfolgen wollen, müssen wir konsequent jegliche Hetze und Eile aus unserem Leben verbannen, denn

wir können nicht
schneller sein
als derjenige, dem wir folgen.

Wir können zu Menschen werden, die geruhsamer leben. Wir können zu gelasseneren Menschen werden.

Jesus sagte zu ihnen:
„Kommt jetzt mit, ihr allein!
Wir suchen einen ruhigen Platz,
damit ihr euch ausruhen könnt.“

Markus 6,31

Dann sagte Jesus zu seinen Jüngern, den Männern und Frauen: „Darum sage ich euch: Macht euch keine Sorgen um euer Leben, ob ihr etwas zu essen habt, und um euren Leib, ob ihr etwas anzuziehen habt! Wer von euch kann durch Sorgen sein Leben auch nur um einen Tag verlängern? Wenn ihr nicht einmal so eine Kleinigkeit zu Stande bringt, warum quält ihr euch dann mit Sorgen um all die anderen Dinge?"

Lukas 12,22.25–26

Folglich steht die versprochene Ruhe,
der große Sabbat, dem Volk Gottes erst noch bevor.
Denn wer in die Ruhe Gottes gelangt ist,
ruht auch selbst aus von seiner Arbeit,
so wie Gott ausruht von der seinen.

Hebräer 4,9–10

Nur auf Gott vertraue ich und bin ruhig;
von ihm allein erwarte ich Hilfe.

Psalm 62,2

Das Rezept gegen Hektik

Die Wahrheit ist: Je mehr wir uns über die Hetze beklagen, desto mehr werden wir davon angezogen. Wir fühlen uns wichtig, wenn wir beschäftigt sind. Unser Adrenalinspiegel bleibt konstant hoch. Wir haben eine Entschuldigung dafür, dass wir uns nicht zu genau mit dem Zustand unseres Lebens oder unseres Herzens befassen. Das hält uns davon ab, uns einsam zu fühlen.

Die geistliche Übung der Einsamkeit ist das Heilmittel gegen die Geschäftigkeit, die uns in ihrem Bann hält. Die geistliche Übung der Einsamkeit beinhaltet im Wesentlichen, dass wir einfach *nichts* tun. Wenn wir uns in die Einsamkeit zurückziehen, verzichten wir auf Gespräche, auf die Gegenwart anderer Menschen, auf Lärm, auf das permanente Bombardement von stimulierenden Reizen. In der Einsamkeit werden wir alles los, was wir brauchen, um uns davon zu überzeugen, dass wir wichtig oder in Ordnung sind.

Die geistliche Übung der Einsamkeit erfordert konsequentes Durchhalten. Für mich ist es hilfreich, wenn ich Einsamkeit in zwei Kategorien einteile. Wir brauchen regelmäßig kurze Zeiten der Einsamkeit, vorzugsweise jeden Tag, vielleicht sogar in mehreren kleinen Intervallen täglich. Und dann brauchen wir in größeren Abständen ausgedehntere Zeiten der Einsamkeit, vielleicht einen halben Tag oder auch mehrere Tage.

Die Hektik unserer Tage ist wie ein unheimlicher Zauber.
Ihre Macht wächst ... Sie greift um sich
und sucht immer jüngere Opfer,
sodass unsere Kinder und Jugendlichen sich kaum noch
in die Stille zurückziehen können,
in der der Ewige ein göttliches Wachstum schenken mag.
Sören Kierkegaard

Die Einsamkeit ist das Sprechzimmer Gottes.
Walter Savage Landor

Einsamkeit ist der Schmelzofen, in dem sich Veränderung vollzieht.
Henri J. M. Nouwen

Die Macht des Gebets

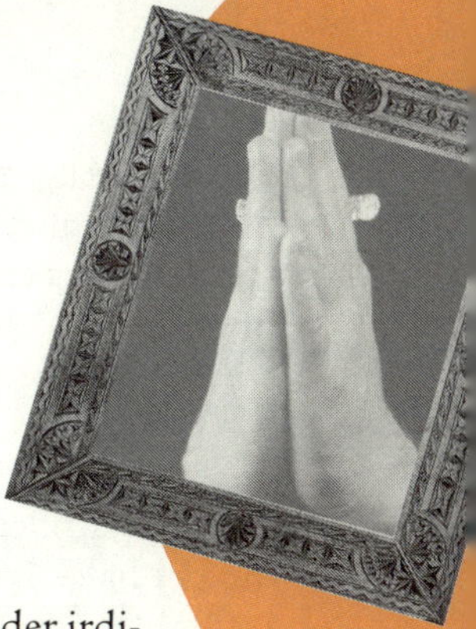

In der Regel stellen wir uns vor, dass der Ablauf der irdischen Geschichte unterbrochen wird, wenn im Himmel etwas Wichtiges passiert. Dennoch ist es im 8. Kapitel der Offenbarung genau anders herum. Der ganze Himmel steht plötzlich still. Die endlosen Lobgesänge der himmlischen Heerscharen verstummen mit einem Mal. Warum? Weil jemand betet. Der ganze Himmel hält den Atem an, damit die Gebete der Heiligen – Ihre und meine Gebete – zu Gott steigen können. Sie werden gehört. Sie bewegen etwas. Gebete von wahren Menschen – wie Sie und ich es sind – bringen den Himmel zum Stehen.

Gebete verändern etwas. Es zahlt sich aus, mit Gott zu ringen. Sie haben keine Vorstellung davon, wie viele Menschen Kraft bekommen haben, weil Sie Gott gebeten haben, sie zu ermutigen; wie viele Menschen geheilt wurden, weil Sie für ihre Gesundheit gebetet haben; wie viele Menschen, die auf geistlichen Irrwegen waren, zu Gott zurückgekehrt sind, weil Sie für ihre Seele gebetet haben. Keiner von uns auf dieser Seite des Todes kann wirklich sagen, wie viel unsere Gebete bewirken. Aber eines wissen wir: Die Geschichte wird von denen gelenkt, die ihre Gebete an Gott richten.

Gebete sind, vielleicht mehr noch als alle anderen geistlichen Tätigkeiten, ein direkter Ausdruck der Tatsache, dass wir zu einer Beziehung mit Gott eingeladen sind. Beten heißt, „mit Gott darüber zu reden, was wir gemeinsam machen“, wie Dallas Willard es einmal formuliert hat. Neben allem, was das Gebet bewirkt, ist seine wichtigste Folge vielleicht, dass es das menschliche Herz dem Herzen Gottes verknüpft. Ich habe an den Sterbebetten vieler Menschen gesessen, die dem Ende ihres Lebens entgegengingen, und habe sie klagen hören über vieles, was sie getan haben – Jahre wurden wie besessen der Arbeit geopfert, Zeit ging verloren im Streben nach immer mehr Geld. Aber ich habe noch niemanden am Ende seines Lebens darüber klagen hören, dass er zu viel Zeit im Gebet verbracht habe. Denn wo viel Gebet ist, da ist auch viel Liebe.

Das Gebet vereint die Seele mit Gott.
Julina von Norwich

Es gibt nichts, das das Gebet nicht bewirken könnte,
außer, es entspricht nicht dem Willen Gottes.
Anonym

Bittet und ihr werdet bekommen! Sucht und ihr werdet finden!
Klopft an und es wird euch geöffnet! Denn wer bittet, der bekommt;
wer sucht, der findet; und wer anklopft, dem wird geöffnet.
Matthäus 7,7–8

Hektik ist der Tod des Gebets.
Samuel Chadwick

Das inständige Gebet eines Menschen,
der so lebt, wie Gott es verlangt,
kann viel bewirken.
Jakobus 5,16

Beten heißt, Gott nahe zu kommen
im Herzen, im Geist und in der Seele.
Alexander Whyte

Wenn ihr betet, dann leiert nicht Gebetsworte herunter
wie die Heiden. Sie meinen, sie könnten bei Gott
etwas erreichen, wenn sie viele Worte machen.
Ihr sollt es anders halten. Euer Vater weiß, was ihr braucht,
bevor ihr ihn bittet.
Matthäus 6,7–8

Deshalb sage ich euch:
Wenn ihr Gott um irgendetwas bittet,
müsst ihr nur darauf vertrauen,
dass er eure Bitte schon erfüllt hat,
dann wird sie auch erfüllt.
Markus 11,24

Nimm meine Worte freundlich auf!
Lass mein Gebet zu dir dringen,
Herr, mein Halt und mein Retter!
Psalm 19,15

Gebet ist die entscheidende Handlung, durch die man sich auf die Vision Gottes hin ausrichtet. Beten bedeutet nicht, dass wir ans Himmelstor schlagen, um persönliche Vorteile zu erlangen oder für das Gelingen unserer Pläne zu sorgen. Vielmehr bieten wir uns an, um seinen Willen zu erfüllen. Es ist ein Anruf in der Zentrale, um neue Anweisungen zu erhalten. Nicht Gott wird auf unseren Willen verpflichtet, sondern wir verpflichten uns, den seinen zu tun. Im Gebet schöpfen wir aus einem riesigen Vorrat an geistlicher Kraft, wodurch Gott größeren Eingang in die Herzen der Menschen finden kann.

G. Ashton Oldham

Auf Gottes Führung hören

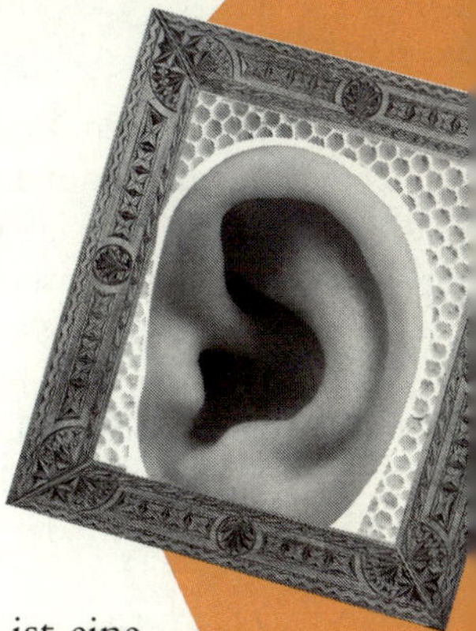

Es ist eine Sache, mit Gott zu reden. Aber es ist eine andere, auf Gott zu hören. Wenn wir auf Gott hören, wirkt der Heilige Geist in uns. Diese Stimme kann uns einer Sünde überführen, uns Gottes Liebe versichern oder uns zum Handeln veranlassen. Aber sie ist für ein vom Geist geleitetes Leben entscheidend. Wir müssen deshalb lernen, auf diese kleine, unscheinbare Stimme zu hören.

Offen und aufnahmebereit für die Führung des Heiligen Geistes zu sein kann im Bereich des geistlichen Wachstums durch nichts ersetzt werden. Wir können lernen, offen für die Stimme des Heiligen Geistes zu werden. Sie ist nicht für Leiter oder „wichtige Menschen" reserviert. Sie ist nicht für Menschen reserviert, die als Pastoren oder Missionare arbeiten. Sie ist nicht für Menschen reserviert, die „geistlicher" sind als Sie. Der Heilige Geist kann und will uns jederzeit leiten, wenn wir es uns wünschen.

Sie stehen vielleicht kurz davor, es zu erleben. Ihr Abenteuer mit Gott beginnt gerade jetzt!

In unseren Tagen warten Himmel und Erde auf das Äußerste gespannt auf das Auftauchen einer Kirche, die sich vom Heiligen Geist leiten lässt, die vom Heiligen Geist durchtränkt ist, die vom Heiligen Geist Kraft bekommt. Die ganze Schöpfung hält erwartungsvoll Ausschau nach Menschen, die in Freiheit zusammenkommen, um Jesus nachzufolgen und von ihm Zeugnis zu geben, die in diesem Leben bereits das Leben und die Kraft des Königreiches Gottes kennen. So etwas ist schon einmal passiert. Und es kann wieder geschehen ...

Eine solche Kirche wird es nicht geben, solange wir nicht eine tiefere, umfassendere Erfahrung eines Immanuel des Heiligen Geistes haben, des „Gott ist mit uns" - ein Wissen, dass Jesus selbst in der Kraft des Heiligen Geistes gekommen ist, um sein Volk zu führen - die Erfahrung, dass er uns so unmittelbar und deutlich führt wie damals durch eine Rauchsäule am Tage und durch Feuer bei Nacht.

Richard Foster

Wenn ich eine

persönliche

Beziehung

zu Gott haben möchte,

muss ich für

die Möglichkeit offen sein,

dass er manchmal

direkt zu mir spricht.

Gott spricht zu Moses

Mose hütete die Schafe und Ziegen seines Schwiegervaters Jitro, des Priesters von Midian. Als er die Herde tief in die Wüste hineintrieb, kam er eines Tages an den Gottesberg, den Horeb. Dort erschien ihm der Engel des Herrn in einer lodernden Flamme, die aus einem Dornbusch schlug. Mose sah nur den brennenden Dornbusch, aber es fiel ihm auf, dass der Busch von der Flamme nicht verzehrt wurde. „Das ist doch seltsam", dachte er. „Warum verbrennt der Busch nicht? Das muss ich mir aus der Nähe ansehen!" Als der Herr sah, dass Mose näher kam, rief er ihn aus dem Busch heraus an: „Mose! Mose!" „Ja", antwortete Mose, „ich höre!" „Komm nicht näher!", sagte der Herr. „Zieh deine Schuhe aus, denn du stehst auf heiligem Boden." Dann sagte er: „Ich bin der Gott, den dein Vater verehrt hat, der Gott Abrahams, Isaaks und Jakobs." Da verhüllte Mose sein Gesicht, denn er fürchtete sich, Gott anzusehen.

Weiter sagte der Herr: „Ich habe genau gesehen, wie mein Volk in Ägypten unterdrückt wird. Ich habe gehört, wie es um Hilfe schreit gegen seine Antreiber. Ich weiß, wie sehr es leiden muss, und bin herabgekommen, um es von seinen Unterdrückern zu befreien. Ich will es aus Ägypten führen und in ein fruchtbares und großes Land bringen, ein Land, das von Milch und Honig überfließt. Ich bringe es in das Land der Kanaaniter, Hetiter, Amoriter, Perisiter, Hiwiter und Jebusiter. Ich habe den Hilfeschrei der Leute von Israel gehört, ich habe gesehen, wie grausam die Ägypter sie unterdrücken. Deshalb geh jetzt, ich schicke dich zum Pharao! Du sollst mein Volk, die Israeliten, aus Ägypten herausführen." Aber Mose wandte ein: „Ich? Wer bin ich denn! Wie kann ich zum Pharao gehen und das Volk Israel aus Ägypten herausführen?" Gott antwortete: „Ich werde dir beistehen. Und das ist das Zeichen, an dem du erkennst, dass ich dich beauftragt habe: Wenn du das Volk aus Ägypten herausgeführt hast, werdet ihr mir an diesem Berg Opfer darbringen und mich anbeten."

Mose sagte zu Gott: „Wenn ich nun zu den Leuten von Israel komme und zu ihnen sage: Der Gott eurer Vorfahren hat mich zu euch geschickt, und sie mich dann fragen: Wie ist sein Name? - was soll ich ihnen sagen?" Gott antwortete: „Ich bin da", und er fügte hinzu: „Sag zum Volk Israel: Der Ich-bin-da hat mich zu euch geschickt: der Herr! Er ist der Gott eurer Vorfahren, der Gott Abrahams, Isaaks und Jakobs.

Denn Herr (Er-ist-da) ist mein Name für alle Zeiten. Mit diesem Namen sollen mich auch die kommenden Generationen ansprechen, wenn sie zu mir beten."
Exodus 3,1–15

Gott will durch
seine Führung
nicht erreichen, dass wir
die richtigen Dinge tun.
Er will uns helfen,
wahre Menschen zu werden.

Wir können unser geistiges Leben auf mehr als einer Ebene gleichzeitig ordnen. Auf einer Ebene denken, reden, sehen, rechnen und erfüllen wir alle äußerlichen Dinge. Aber auf einer tieferen Ebene in uns können wir beten, singen und lobpreisen und für den Atem Gottes empfänglich sein.

Thomas Kelly

Gottes Stimme in den Worten der anderen

Gott spricht nicht nur zu uns, sondern auch durch uns. Die Bibel ist voll von Belegen dafür, dass Gottes Botschaft durch menschliche Vermittler verkündet wurde. Gott redete, wie ich glaube, einmal unter höchst ungewöhnlichen Umständen durch eine Freundin namens Lorraine zu mir.

Lorraine war schon weit über 60, als ich sie kennen lernte. Sie lernte leidenschaftlich gern. Ihr Haus war eigentlich nur ein Ort, an dem sie ihre Bücher aufbewahren konnte, ebenso war ihr Körper nur ein Ort, an dem ihr Verstand aufbewahrt wurde. Aber es gab etwas, das sie fast noch lieber tat, als zu lernen: Sie lehrte andere Menschen, und sie hielt Bibelstunden, die Hunderte von Menschen anzogen.

Diese Freundin war einer der ersten Menschen, die darauf bestanden, dass meine wahre Berufung darin lag zu predigen. „Nun, Schätzchen", sagte Lorraine, „du darfst dir von niemandem einreden lassen, dass du irgendetwas anderes tun sollst. Gott hat dich dazu geschaffen zu predigen, und du wirst nicht glücklich sein, wenn du etwas anderes machst."

Es dauerte eine Weile, aber mit der Zeit beschloss ich, dass Lorraine Recht hatte. Ich zog schließlich weg, um Pastor zu werden, und wir verloren einander aus den Augen.

Ein paar Jahre später kamen meine Familie und ich zurück, um die Gemeinde zu besuchen. Lorraine war nicht im Gottesdienst. Sie hatte kurz zuvor einen Schlaganfall erlitten und war ans Bett gefesselt. Ihr Leben wich von Tag zu Tag mehr aus ihr.

Unser Besuch bei Lorraine war bittersüß. Sie lag im Wohnzimmer in einem Krankenhausbett. Der Verstand, der für so viele Menschen eine Quelle der Freude gewesen war, gehorchte dem Willen seiner Besitzerin nicht mehr. Die Bücher standen verstaubt in den Regalen und dienten nur noch als Dekoration. Nancy und ich versuchten, mit ihr zu sprechen.

Wir konnten deutlich sehen, dass Lorraine sich bemühte, Erinnerungen hervorzukramen, die ihr nicht mehr zugänglich waren, aber es gelang ihr nicht. Sie konnte nicht einmal einordnen, wer wir waren. Sie konnte nur noch uneindeutige Laute und hin und wieder ein Nicken von sich geben. Nachdem wir ein Weilchen da gewesen waren und uns mit ihr unterhalten hatten, so gut es ging, standen wir auf, um zu gehen.

Nancy war schon durch die Tür, und ich stand auf der Schwelle, da hörte ich Lorraines Stimme – und diesmal war es wirklich ihre Stimme. Sie klang wie die Lorraine, die wir gekannt hatten.

„John Ortberg", rief sie. „Bist du glücklich?"

„Ja", antwortete ich, zu überrascht, um etwas anderes tun zu können, als ihre Frage zu beantworten. „Ja, ich bin wirklich glücklich."

„Gut", sagte sie. „Denn Gott hat dich dazu geschaffen zu predigen. Du solltest voller Freude sein, wenn du predigst, Schätzchen." Und dann sank Lorraine erschöpft zurück in ihr Kissen und war wieder weit weg.

Lorraine wusste nicht, dass wir zu dieser Zeit vor einer schwerwiegenden Entscheidung standen. Ihr Kommentar war uns eine große Hilfe. Mir wurde klar, dass diese eine Entscheidung mir mehr Freude bringen würde, auch wenn sie in gewisser Weise schwieriger war. Gott sprach, soweit ich das erkennen kann, durch eine Freundin zu uns, die eigentlich überhaupt nicht mehr sprechen konnte.

Ein großer Teil des

Abenteuers,

das das Leben eines Christen ausmacht,
besteht darin,
auf die Führung des Heiligen Geistes
zu reagieren.
Diese Führung beschränkt sich nicht
auf weit reichende Entscheidungen.
Wir lernen am besten,
auf sie zu reagieren,
wenn wir uns ständig darin üben.

Ich, der Herr, werde *euch immer und überall führen.*
Jesaja 58,11

Herr, zeig mir den Weg, den ich gehen soll;
lass mich erkennen, was du von mir verlangst.
Lehre mich, in Treue zu dir mein Leben zu führen.
Du bist doch der Gott, bei dem ich Hilfe finde;
auf dich hoffe ich zu jeder Zeit.
Psalm 25,4–5

Du gibst mir Halt, du bietest mir Schutz.
Geh mit mir und führe mich, denn du bist mein Gott!
Ich gebe mich ganz in deine Hand, du wirst mich retten,
Herr, du treuer Gott!
Psalm 31,4.6

Die Kraft zur Veränderung

Wir können nicht verändert werden, wenn wir uns der Führung des Heiligen Geistes verschließen. Wir müssen lernen, daran zu glauben – selbst wenn es unseren Verstand sprengt –, dass Gott sich wirklich um uns ganz persönlich kümmern kann und will. Wenn wir zu dem Gott beten, der die Schöpfung durch ein Wort ins Leben gerufen hat, der zu Propheten, Priestern und Königen – und zu ganz normalen Menschen – gesprochen hat, der ein tausendseitiges Buch geschrieben hat, das wir als die Bibel kennen, und der von seinem Sohn sagte, dass er das „Fleisch gewordene Wort" sei – dann können wir auch die Möglichkeit in Betracht ziehen, dass er manchmal auch ein Wörtchen oder zwei mit uns wechseln möchte.

Rede, HERR, denn dein Knecht hört.
1. Samuel 3,10 (Einheitsübersetzung)

Das wohl geordnete Herz

Das Geheimnis des Lebens besteht darin,
nach einer einzelnen Sache zu streben.

Es gibt etwas, wonach es sich zu streben lohnt, etwas, das unsere ganze Hingabe wert ist. Es gibt ein Ziel, das auch in den aussichtslosesten Situationen erreichbar ist. Ein Ziel, das Auswirkungen hat, die weit über unseren bescheidenen Wirkungskreis hinausgehen. Etwas, wonach sich unsere Seele sehnt: das Leben, nach dem wir uns schon immer gesehnt haben.

Es ist das Bemühen um ein wohl geordnetes Herz. Das Bild eines ausgewogenen Lebens basiert auf der Annahme, dass es um ein äußerliches Problem geht – um Unordnung in unserem Terminplan, unserem Beruf oder unserem jeweiligen Lebensabschnitt. Aber die eigentliche Unordnung liegt in uns.

Ein wohl geordnetes Herz zu haben bedeutete für Augustinus, das Richtige zu lieben, im richtigen Maß, auf die richtige Weise und mit der richtigen Art von Liebe.

Wenn unser Herz wohl geordnet ist, werden wir nicht nur immer freier von Sünde, sondern auch freier von dem Wunsch zu sündigen. Wenn unser Herz wohl geordnet ist, werden wir Menschen so sehr lieben, dass wir sie nicht mehr betrügen, manipulieren oder beneiden wollen. Wir werden von innen nach außen verwandelt.

Geistliche Veränderung kann man nicht inszenieren oder kontrollieren, aber sie ist auch kein Glücksspiel. Wir brauchen einen Plan.

Wir brauchen etwas, das man „Lebensregel" nennt. Eine Regel bringt einen bestimmten Lebensrhythmus mit sich, in dem wir in engerer Beziehung zu Gott leben können. Überlegen Sie, wie Sie Ihren Tag so einteilen können, dass es Ihnen dabei hilft, ein wohl geordnetes Herz zu entwickeln. Paulus schreibt an die

Gemeinde in Kolossä als Abschluss seiner Anweisungen für einen veränderten Lebensstil: „Alles, was ihr in Worten und Werken tut, geschehe im Namen Jesu, des Herrn. Durch ihn dankt Gott, dem Vater“ (Kolosser 3,17, Einheitsübersetzung).

Was bedeutet es, etwas „im Namen Jesu“ zu tun? Ganz allgemein hat ein Name in der Bibel immer etwas mit dem Charakter seines Trägers zu tun. Es bedeutet also, etwas so zu tun, wie Jesus es tun würde, wenn er an Ihrer Stelle wäre. Dies entspringt geradewegs unserem Verständnis von Nachfolge und Jüngerschaft. Wir verdrehen manchmal den Sinn der Bibelstelle, weil wir dazu neigen, unser Leben wie einen Kuchen in Einzelstücke aufzuteilen. Aber ich bin davon überzeugt, dass es Paulus hier sehr ernst meint. Er verwendet nicht einfach geistlich klingende Sprache. Er meint es so: Wir sind dazu aufgefordert, ein Leben im Namen Jesu zu leben.

Es ist unwahrscheinlich, dass wir unsere

Beziehung zu Gott **zufällig**

oder auf **gut Glück** vertiefen.

Wir müssen uns bewusst etwas vornehmen

und unser Leben neu organisieren.

Doch es gibt nichts, das unser Leben

mehr bereichert, als eine tiefere

und deutlichere Wahrnehmung von

Gottes Gegenwart in der Routine unseres Alltags.

William Paulsell

Passt euch nicht den Maßstäben dieser Welt an.
Lasst euch vielmehr von Gott umwandeln,
damit euer ganzes Denken erneuert wird.
Dann könnt ihr euch ein sicheres Urteil bilden,
welches Verhalten dem Willen Gottes entspricht,
und wisst in jedem einzelnen Fall,
was gut und gottgefällig und vollkommen ist.
Römer 12,2

Liebe den Herrn, deinen Gott, von ganzem Herzen,
mit ganzem Willen und mit deinem ganzen Verstand!
Matthäus 22,37

Was unsere selbstsüchtige Natur will, führt zum Tod.
Was der Geist Gottes will, führt zum Leben, zu Heil und Frieden.
Römer 8,6

Mehr als auf alles andere achte auf deine Gedanken,
denn sie entscheiden über dein Leben.
Sprüche 4,23

Jeder Augenblick ist eine Chance,

im Namen Jesu zu leben.

Die alltäglichsten Dinge können

mit der Gegenwart Jesu erfüllt werden –

wenn Sie von ihr erfüllt sind.

Ein fröhlicher Mensch werden

Wie kann man in einer von Schmerz und Leid erfüllten Welt zu einem fröhlichen Menschen werden? Werfen Sie einen Blick auf das Ende der Bibel:

Wir wollen uns freuen und jubeln
und ihm die Ehre erweisen!
Der Hochzeitstag des Lammes ist gekommen;
seine Braut hat sich bereit gemacht.
Offenbarung 19,7

Der Bräutigam des Himmels bekommt die Braut!

Die Freude, die auf die Kinder Gottes wartet, ist so groß, dass ihr nur das Bild eines Liebhabers und seiner Geliebten gerecht wird. Dann werden wir die Hochzeit sehen, die auch die prunkvollste Hochzeit auf dieser Erde vollkommen in den Schatten stellt.

Dann wird Gott mit seinen Kindern tanzen. Dann wird unverminderte und uneingeschränkte Freude herrschen. Dann werden sich die Worte des Propheten erfüllen, der versuchte, das Unbeschreibliche zu beschreiben:

Unter Jubel werdet ihr den Weg in die Freiheit antreten,
mit sicherem Geleit werdet ihr heimkehren.
Berge und Hügel werden in ein Freudengeschrei ausbrechen, wenn sie euch sehen,
und die Bäume der Steppe werden in die Hände klatschen.
Jesaja 55,12

Auch der Apostel Johannes versuchte es zu beschreiben:

Jetzt wohnt Gott bei den Menschen!
Er wird bei ihnen bleiben und sie werden sein Volk sein.
Gott selbst wird als ihr Gott bei ihnen sein.
Er wird alle ihre Tränen abwischen.
Es wird keinen Tod mehr geben und keine Traurigkeit,
keine Klage und keine Quälerei mehr.
Offenbarung 21,3–4

Dann wird der große Freudentag kommen, der niemals aufhören wird.

Der Geist Gottes dagegen lässt als Frucht
eine Fülle von Gutem wachsen, nämlich:
Liebe, Freude und Frieden, Geduld, Freundlichkeit und Güte,
Treue, Bescheidenheit und Selbstbeherrschung.
Gegen all dies hat das Gesetz nichts einzuwenden.
Menschen, die zu Jesus Christus gehören,
haben ja doch ihre selbstsüchtige Natur
mit allen Leidenschaften und Begierden ans Kreuz genagelt.
Wenn wir nun durch Gottes Geist ein neues Leben haben,
dann wollen wir auch aus diesem Geist unser Leben führen.
Galater 5,22–25

Wenn euer **Vertrauen**

auch nur so groß ist wie

ein **Senfkorn,** dann könnt

ihr zu dem Berg da sagen:

Geh von hier nach dort, und

er wird es tun. Dann wird **euch**

nichts mehr unmöglich sein.

Matthäus 17,20–21

Teil 3

Die Kunst, übers Wasser zu laufen

Mutprobe [ˈmuːtprobə] <f.> *Herausforderung, durch die man seinen Mut demonstriert*

Bootsrand [ˈboːtsrant] <m.> *Sinnbild für eine Herausforderung, die den Mut übersteigt*

Glaube [ˈglaubə] <m.> *Vertrauen und sich verlassen auf Gott*

Die Mutprobe

Im letzten Viertel der Nacht kam Jesus auf dem Wasser zu ihnen. Als die Jünger ihn auf dem Wasser gehen sahen, erschraken sie und sagten: „Ein Gespenst!“, und schrien vor Angst. Sofort sprach Jesus sie an: „Fasst Mut! Ich bin's, fürchtet euch nicht!“

Da sagte Petrus: „Herr, wenn du es bist, dann befiehl mir, auf dem Wasser zu dir zu kommen!“ „Komm!“, sagte Jesus. Petrus stieg aus dem Boot, ging über das Wasser und kam zu Jesus. Als er dann aber die hohen Wellen sah, bekam er Angst. Er begann zu sinken und schrie: „Hilf mir, Herr!“ Sofort streckte Jesus seine Hand aus, fasste Petrus und sagte: „Du hast zu wenig Vertrauen! Warum hast du gezweifelt?“

Dann stiegen beide ins Boot, und der Wind legte sich. Die Jünger im Boot warfen sich vor Jesus nieder und riefen: „Du bist wirklich Gottes Sohn!“
Matthäus 14,25–32

Gottes Herausforderung

Petrus' kleine Wanderung steht als Einladung an alle, die wie er im Glauben losgehen und mehr von der Kraft und Gegenwart Gottes erleben wollen. Das „Laufen auf dem Wasser" dient als Bild für etwas, das ich niemals allein schaffen könnte, das aber mit Gottes Hilfe möglich wird. Aber wie kommt es zu einem solchen Ereignis? In der Bibel läuft das Eingreifen Gottes in das Leben eines Menschen, den er gebrauchen will, meist nach einem bestimmten Schema ab:

Es gibt immer eine Berufung. Gott beruft einen ganz normalen Menschen dazu, einen außergewöhnlichen Vertrauensschritt zu wagen.

Es gibt immer Angst. Gott hat die unangenehme Angewohnheit, Menschen um Dinge zu bitten, die ihnen sehr viel Angst machen.

Es gibt immer eine Rückversicherung. Gott verspricht seine Gegenwart. Gott sagt auch zu, dass er alles geben wird, was für die Erfüllung seiner Berufung nötig ist.

Es gibt immer eine Entscheidung. Manchmal sagen die Betroffenen Ja zu Gottes Berufung. Manchmal sagen sie Nein. Aber sie müssen immer eine Entscheidung treffen.

Es gibt immer Veränderung. Wie auch immer die Entscheidung ausfällt, sie verändert die Menschen – und sie verändert auch die Welt, wo sie mit ihr in Berührung kommt.

Es gibt einen Bereich in Ihrem Leben, in dem Gott Sie auffordert, mit ihm einen Spaziergang zu unternehmen, und wenn Sie Ihrerseits Ja sagen, setzt das eine göttliche Dynamik in Gang, die weit über menschliche Grenzen hinausgeht.

Der Schlüssel zum Abenteuer

Ich glaube, dass Gott uns generell aus unserer Behaglichkeit herauslockt, damit unser Glaube tief und beständig werden kann. Gott fordert uns heraus, ihm voll und ganz zu vertrauen - nicht nur in Vorträgen oder durch gute Bücher, sondern vor allem durch Herausforderungen in der realen Welt.

Wir neigen dazu, unsere Welt möglichst bequem zu gestalten. Wir bauen in unser Leben immer ein gewisses Maß an Sicherheit und Vorhersagbarkeit ein, damit uns die Illusion erhalten bleibt, wir hätten alles im Griff.

Dann kommt Gott und mischt alles auf. Von ihm gerufen zu werden bedeutet Krise, Gelegenheit, oft Versagen, in der Regel Angst, manchmal Leid und immer eine Aufgabe, die zu groß für uns ist. Aber es gibt keinen anderen Weg, im Glauben zu wachsen und sich mit Gott zu verbünden.

Es ist nicht der Kritiker, der zählt; nicht derjenige, der mit dem Finger auf den stolpernden Starken zeigt, oder auf die Augenblicke, in denen der Tatkräftige es noch besser hätte machen können. Die Ehre gehört dem Menschen, der tatsächlich in der Arena steht [...], der im besten Fall am Ende den Triumph einer großen Errungenschaft kennen lernt und der im schlechtesten Fall zumindest bei dem Versuch versagt, Großes zu vollbringen. Dieser Ort wird nie den kalten, engen Seelen gehören, die weder Sieg noch Verlust kennen.

Theodore Roosevelt

Das Geschenk

Einige Zeit nach dem Tod von Florence, meiner Groß-mutter väterlicherseits, machte mein Großvater meiner Mutter ein ungewöhnliches Angebot.

„Kathy", sagte er mit seinem starken schwedischen Akzent, „ich habe die Sachen von Florence durchgesehen und dabei eine Kiste mit altem Geschirr entdeckt. Eigentlich wollte ich es wegwerfen, aber dann habe ich gesehen, dass es blau ist. Das ist doch deine Lieblingsfarbe. Sieh dir das Zeug mal an, vielleicht willst du es ja haben. Sonst gebe ich es der Heilsarmee."

Meine Mutter fuhr zu ihm und erwartete alten Plunder. Doch als sie die Kiste öffnete, erblickte sie das schönste Porzellanservice, das sie je gesehen hatte.

Jedes Stück war von Hand mit einem Muster aus Vergissmeinnicht verziert. In die Tassen war Perlmutt eingearbeitet. Die Teller und Tassen hatten feine Goldränder. Das Geschirr war in einer bayrischen Manufaktur handgefertigt worden, die im Zweiten Weltkrieg zerstört wurde, daher war es buchstäblich unersetzbar.

Meine Mutter war seit 20 Jahren Mitglied der Familie, doch dieses Service hatte sie noch nie gesehen. Sie fragte meinen Vater danach. Er war in dieser Familie aufgewachsen – aber auch er hatte es noch nie gesehen.

Von einem älteren Familienmitglied erfuhren sie schließlich die Geschichte des Porzellans. Als Florence noch sehr jung gewesen war, hatte sie das Geschirr Teller für Teller und Tasse für Tasse über die Jahre als Aussteuer geschenkt bekommen. Die Familie war nicht sehr wohlhabend und es war ein ausgesprochen teures Porzellan. Zu jedem Fest - Geburtstag, Konfirmation, Schulabschluss - bekam Florence ein Stück.

Warum haben meine Eltern es nie zu Gesicht bekommen? Dazu muss man den Charakter des Schweden an sich näher beleuchten. Wir sind ein vorsichtiger Menschenschlag und neigen nicht zu Verschwendung. Zum Beispiel wohnten zwei meiner Großtanten 80 Jahre lang in einem schönen viktorianischen Haus, das mein Urgroßvater im 19. Jahrhundert gebaut hatte. Der prächtigste Raum im ganzen Haus war ein Zimmer, das eigens für ganz besondere Gäste reserviert war. Doch da niemals ein Gast ins Haus kam, der „besonders" genug für dieses Zimmer war, wurde es nie benutzt.

Wann immer Florence ein weiteres Teil des Geschirrs bekam, wickelte sie es sorgfältig in weiche Tücher, denn es war ja so wertvoll und hätte bei Benutzung zerbrechen können. Sie verstaute es in der Kiste und stellte diese auf den Dachboden - für besondere Gelegenheiten. Doch auch in ihrem Leben kam nie eine Gelegenheit, die „besonders" genug gewesen wäre. Und so starb meine Großmutter, ohne das schönste und wertvollste Geschenk, das sie besaß, auch nur ein einziges Mal benutzt zu haben.

Meine Mutter erbte also das Porzellan, und sie benutzte es - zu jeder passenden und unpassenden Gelegenheit! Endlich wurde das Geschirr aus seiner Kiste befreit und wird zu dem eingesetzt, wozu es gemacht wurde.

Ich glaube, dass es etwas –
oder jemanden – in uns gibt, der uns sagt,
dass es mehr im Leben geben muss
als das trockene Plätzchen im Boot.
Sie sind zu mehr geschaffen
als nur zur Fehlervermeidung.
Es gibt etwas in Ihnen,
das übers Wasser gehen will,
das die Bequemlichkeit
der gewohnten Bahnen verlassen
und sich ins Abenteuer
eines Lebens mit Gott stürzen möchte.

Der Umgang mit Geschenken

Jedes Mal, wenn man ein Geschenk bekommt, hat man zwei Möglichkeiten, damit umzugehen. Zum einen kann man sich sagen: „Dieses Geschenk ist so wertvoll, dass ich es nie verwenden sollte." Diejenigen, die so reagieren, wissen sehr gut, dass es immer ein Risiko birgt, das Geschenk aus der Kiste zu nehmen und zu benutzen. Vielleicht passiert etwas Unvorhergesehenes. Vielleicht geht jemand unsachgemäß damit um. Vielleicht wird es nicht so geschätzt, wie wir uns das wünschen. Vielleicht geht es sogar kaputt. Auf jeden Fall ist es riskant!

Die zweite Möglichkeit ist folgende Überlegung: „Dieses Geschenk ist so wertvoll, dass es unbedingt eingesetzt werden sollte!" Diejenigen, die das denken, begreifen, dass das Geschenk nie seiner Bestimmung gerecht wird, wenn es nicht aus der Kiste genommen wird. Damit würde man das ignorieren, was der Schenkende damit im Sinn gehabt hat. Es gibt wenig, das tragischer ist als ein nicht geöffnetes Geschenk!

Auch Sie haben ein Geschenk erhalten. Zusammen mit Ihrem Geschenk haben Sie die Wahlmöglichkeit bekommen – werden Sie es aufmachen und benutzen oder nicht?

Wir alle haben von Gott bestimmte Gaben erhalten und sind aufgerufen, diese einzusetzen. Jedes Talent wurde vom Meister persönlich ausgewählt und vergeben. Vielleicht mag ich meine Talente, vielleicht auch nicht. Ich kann mich damit quälen, etwas zu wollen, was andere haben, doch das wird mir nicht gut tun. Niemand entscheidet über seine Begabungen selbst.

Gott war **sehr großzügig.** Es gibt keine unbegabten Leute in seiner Welt. Und nicht nur das; Gott selbst bietet uns eine Partnerschaft an. Er wird Ihnen mit Rat und Tat zur Seite stehen, wenn Sie Weisheit und Ermutigung brauchen. Er richtet Sie auf, wenn Sie stolpern, und zieht Sie hoch, wenn Sie sinken. Er vergibt Ihnen, wenn Sie vom Weg abkommen. Er schenkt uns sich selbst als das beste Geschenk von allen!

Im Glauben an Gott
gebrauchen Sie Ihre Gaben,
um der Welt zu dienen und sie zu bereichern
und durch diesen Dienst Gott zu lieben
und zu ehren! Die Berufung, die alles
umschließt, was Gott Ihnen gegeben hat,
ist eine heilige Aufgabe!

Arthur Miller

Jeder hat seine eigene Gabe von Gott, der eine so, der andere so.
1. Korinther 7,7 (Luther; 1984)

So soll euer Licht vor den Menschen leuchten,
damit sie eure guten Werke sehen
und euren Vater im Himmel preisen.
Matthäus 5,16 (Einheitsübersetzung)

Lauter gute Gaben, nur vollkommene Gaben kommen von oben, von dem Schöpfer der Gestirne. Bei ihm gibt es kein Zu- und Abnehmen des Lichtes und keine Verfinsterung.
Jakobus 1,17

Denn Gott nimmt seine Gnadengeschenke nicht zurück, und eine einmal ausgesprochene Berufung widerruft er nicht.
Römer 11,29

Der Auftrag von Gott

Weil Sie nach dem Bilde Gottes geschaffen wurden, gehört es zu Ihrer Bestimmung, aktiv zu sein. Sie wurden geschaffen, um kreativ zu sein, zu leiten, zu lernen, zu organisieren, zu heilen oder zu unterrichten. Gott hat eine Aufgabe für Sie – etwas, das ganz eng mit der Vision Gottes für die Menschheit zusammenhängt. Wir sind, um es mit den Worten der Heiligen Schrift zu sagen, vor allem dazu aufgerufen, Gott kennen zu lernen, seine Liebe und Gnade zu empfangen und seine Kinder zu sein. Wir sind dazu aufgerufen, in dieser Welt in seinem Königreich zu leben und Christus in uns zur Wirklichkeit werden zu lassen.

Ein entscheidender Punkt im Zusammenhang mit Ihrer Berufung ist die Tatsache, dass Ihnen ganz bestimmte Gaben, Talente, Bedürfnisse und Sehnsüchte gegeben wurden. Die Frage, warum Sie geschaffen wurden, kann erst beantwortet werden, wenn Sie diese Dinge eindeutig identifiziert haben, sie fördern und ausbilden, sie mit Freude einsetzen und Gott damit dienen.

Was wir tun, hat große Bedeutung. Es ist es wert, dass wir all unsere Energien hineinstecken. Wir sind unterwegs im Auftrag des Herrn.

Wir haben uns die Persönlichkeit, die Talente und Sehnsüchte, mit denen wir geboren wurden, nicht selbst verliehen. Wenn wir diese Geschenke von außerhalb unserer selbst annehmen, dann erfüllen wir etwas, für das wir geschaffen sind. Der Schöpfer aller Dinge kennt unseren Namen, weiß besser als wir selbst, was in uns liegt, denn er hat es selbst in uns hineingelegt, damit wir etwas damit anfangen – etwas, das mit seinen Absichten für viele andere Menschen zusammenhängt. [...] Selbst wenn wir es nicht immer so sehen, so hat doch jeder von uns eine Berufung erhalten – vom Schicksal, durch Zufall, durch Bestimmung, von Gott. Die, die sie entdeckt haben, sind glücklich zu schätzen!

Michael Novak

Folgen Sie dem Ruf

Eine Berufung ist immer etwas, das man entdeckt, und niemals etwas, das man sich aussucht. Auch Sie haben ein Wesen mit ganz speziellen Eigenschaften, Stärken und Grenzen. Frederick Buechner schrieb, dass die Berufung der „Ort ist, an dem deine tiefste Freude auf die größte Not der Welt trifft". Es ist nicht schwer herauszufinden, wo die Not der Welt liegt. Sie ist überall! Was schon schwieriger ist, ist herauszufinden, wo Ihre tiefste Freude zu finden ist. Welche Arbeit bringt Ihnen wirkliche Freude? Für was empfinden Sie Leidenschaft und Sehnsucht? Denn diese Gefühle sind ebenfalls Gaben Gottes. Bei Begabungen geht es um mehr als nur um Talent – sie schließen Leidenschaft mit ein.

Gott beruft uns nicht in einer Art und Weise, die unserem „Rohmaterial" Gewalt antut. Wo Gott beruft, begabt er auch. Aber ein Naturtalent allein reicht noch nicht aus, um eine Berufung von Gott zu erfüllen. Dazu braucht man auch Ideen, Kraft und Kreativität, die weit über die eigenen Ressourcen hinausgehen. Gott und ich müssen zusammenarbeiten. Wir sind nicht dazu berufen, für Gott zu arbeiten, sondern mit Gott!

Lebt so, wie es sich für Menschen gehört,
die Gott in seine Gemeinde berufen hat.
Erhebt euch nicht über andere,
sondern seid immer freundlich.
Habt Geduld und sucht in Liebe
miteinander auszukommen.
Bemüht euch darum, die Einheit zu bewahren,
die der Geist Gottes euch geschenkt hat.

Epheser 4,1–3

Manche Menschen sagen: „Gott wird mich nie um etwas bitten, das ich nicht tun kann.“ Ich habe aber in meinem Leben erfahren, dass eine Aufgabe vermutlich nicht von Gott kommt, wenn es etwas ist, von dem ich von vornherein weiß, dass ich es schaffen kann. Die Aufgaben, die Gott in der Bibel verteilt, sind meist übergroß. Sie gehen immer über das hinaus, was Menschen tun können, weil Gott darin seinem Volk und der Welt sein Wesen zeigen will – seine Stärke, seine Fürsorge und seine Freundlichkeit. Nur so kann die Welt ihn kennen lernen.

Henry Blackaby

Schauen Sie nicht nach unten!

Ich fuhr zum ersten Mal in den Alpen Ski. Ein Freund, der ein Wintercamp leitete, zahlte meiner Frau und mir das Flugticket von Schottland aus, wo wir von den mageren Einkünften eines Stipendiums lebten, lieh uns Skier und zahlte den Skipass. Nach zwei Abfahren vom Idiotenhügel sagte ich meiner Frau, einer geübten Skiläuferin, dass ich nun zu größeren Abenteuern bereit sei. Wir nahmen den Sessellift und in Sekundenschnelle hob er uns 100 Meter in die Luft. Meine Frau ist nicht schwindelfrei. Sie umklammerte das Metallrohr zwischen uns wie eine Boa Konstriktor ihr Opfer.

„Liebling", zischte sie durch zusammengebissene Zähne und imitierte dabei Ken Davis, „ich liebe dich. Du bist mein Ehemann und ich würde fast alles für dich tun. Doch wenn du diese Stange hier berührst, meine Haltestange, wirst du noch heute Jesus gegenüberstehen!"

„Sieh nicht nach unten", schlug ich vor.

Wir stiegen heil aus dem Sessellift und nahmen etwas, das sich Bügellift nennt, bis zur nächsten Anhöhe. Dummerweise rutschten wir kurz vor dem Ziel ab und fielen vom Lift. Eine Weile lagen wir da im Schnee und warteten auf den Bernhardiner mit dem Schnapsfässchen, doch der kam nicht. Dutzende von Skifahrern sausten schnittig an uns vorbei und riefen uns auf Deutsch gute Ratschläge zu. Das einzige Wort, das ich verstand, war: „Trottel!"

Ein anderes Pärchen fiel ebenfalls hinunter (oder ließ sich aus Mitleid fallen?). Hans sprach ein bisschen Englisch und führte uns in einer Stunde durch hüfttiefen Schnee zum nächsten Skihang. Komischerweise war dieser Hang mit einem Schild markiert, auf dem auf schwarzem Grund ein weißer Totenkopf mit gekreuzten Knochen zu sehen war. Der Hang führte fast senkrecht nach unten.

Hans erteilte mir an Ort und Stelle die einzige Ski-Lektion, die ich je erhalten habe. „Sieh nicht nach unten", sagte er. „Du wirst Angst vor dem Abhang haben. Wenn Skianfänger nach unten sehen, geraten sie in Panik, und dann –!" Er machte eine viel sagende Geste mit der Hand, die nicht sehr ermutigend war. Sie wissen schon, die Hand quer über den Hals geführt ... „Ich glaube, du kannst es schaffen." (Das Wort glauben beunruhigte mich ein wenig!) „Denk nur immer an eins: Sieh nicht nach unten!"

„Nicht hinuntersehen" wurde zur Regel Nummer eins in meinem Leben. Ich sah niemals mehr hinunter. Sechsjährige fuhren zwischen meinen Beinen hindurch und wollten mich in Versuchung führen, doch ich sah nicht hinunter. Ich brach alle Rekorde im Zickzackfahren. Menschen überholten mich, nahmen den Lift nach oben und überholten mich wieder, einfach nur um zu sehen, wie oft sie das schaffen konnten, ehe ich unten ankam.

Wahrscheinlich habe ich die schlechteste Abfahrt hingelegt, die dieser Hang je gesehen hat. Zielsicher hielt ich auf kleine Kinder zu, sodass diese, wenn nötig, meinen Fall bremsen konnten.

Aber eines habe ich richtig gemacht: Ich habe nie hinuntergesehen! Ich wurde ein wahrer Experte im Nicht-hinunter-

Sehen. Es sah nicht schön aus, aber es brachte mich sicher nach unten.

Es gibt eine Geisteshaltung, die ganz wesentlich für uns ist, wenn wir das Leben führen wollen, nach dem wir uns sehnen. Nennen Sie es Hoffnung, Vertrauen oder Zuversicht. Es unterscheidet die, die etwas versuchen, von denen, die aufgeben. Wenn diese Haltung verloren geht, beginnen wir zu versinken. **Schauen Sie nicht nach unten!**

Nie werde ich aufhören, auf dich zu hoffen –
loben will ich dich, je länger, je mehr.
Psalm 71,14 (Hoffnung für alle)

Eine Hoffnung, die sich schon sichtbar erfüllt hat, ist keine Hoffnung.
Ich kann nicht erhoffen, was ich vor Augen habe.
Wenn wir aber auf etwas hoffen, das wir noch nicht sehen können,
dann heißt das, dass wir beharrlich danach Ausschau halten.
Römer 8,24–25

Der Herr beschützt alle, die ihm gehorchen,
alle, die mit seiner Güte rechnen.
Psalm 33,18

Langes Warten macht das Herz krank;
aber ein erfüllter Wunsch gibt ihm neues Leben.
Sprüche 13,12

Definition „Hoffnung“

Hoffnung ist die Antriebskraft, die das menschliche Herz am Leben hält. Ein Autounfall kann den Körper lähmen, aber der Tod der Hoffnung lähmt den Geist.

Hoffnung bringt ein junges Paar dazu, vor den Altar zu treten und „Ja, ich will“ zu sagen, obwohl sie keine Garantien haben, dass die Beziehung ewig hält.

Hoffnung führt dasselbe Paar viele Jahre und Verletzungen und gebrochene Versprechen später dazu, ihren Versprechen eine neue Chance zu geben.

Hoffnung bewegt die Menschen nach wie vor dazu, Kinder in diese Welt zu setzen.

Hoffnung ist der Grund, warum es Krankenhäuser und Universitäten gibt.

Hoffnung ist der Grund, warum Menschen sich in Therapien und Beratungen begeben – und die kleinen Fußballvereine in Trainingscamps.

Pablo Casals übte täglich fünf Stunden auf seinem Cello, obwohl er bereits sehr alt und als der beste Cellist der Welt berühmt war und die Anstrengung beinahe zu viel für ihn wurde. Auf die Frage, was ihn dazu trieb, sagte er: „Ich denke, ich werde besser."

Das ist Hoffnung!

Das Wort, das Gott jedem Menschen auf die Stirn geschrieben hat, ist: Hoffnung.
Victor Hugo

Hoffnung ist die Mutter des Glaubens.
Cyrus Augustus Bartol

Hoffnung weckt wie nichts anderes auf der Welt die Leidenschaft für das Mögliche.
William Sloane Coffin

Von Hoffnung durchflutet

Ich habe neulich von einer Frau gelesen, bei der Krebs diagnostiziert worden war und die noch drei Monate zu leben hatte. Der Arzt riet ihr, sich aufs Sterben vorzubereiten, und so kontaktierte sie ihren Pastor und erklärte ihm genau, wie ihr Beerdigungsgottesdienst aussehen sollte – welche Lieder zu singen, welche Bibeltexte zu lesen und welche Gebete zu sprechen wären – und dass sie mit ihrer Lieblingsbibel beerdigt werden wollte.

Bevor der Pastor ging, sagte sie noch: „Ach ja, einen Wunsch hätte ich noch."

„Welchen?", fragte der Pastor.

„Es ist mir sehr wichtig. Ich möchte mit einer Gabel in der rechten Hand beerdigt werden!" Der Pastor wusste nicht, was er dazu sagen sollte. So etwas hatte ihm noch nie jemand gesagt. Also erklärte die Frau: „In all den Jahren habe ich unzählige Veranstaltungen in der Gemeinde miterlebt. Immer, wenn es dabei etwas zu essen gab, habe ich mich besonders gefreut, wenn nach dem Hauptgang jemand aus der Küche sagte: ‚Behalten Sie Ihre Gabeln!' Das bedeutete nämlich, dass noch etwas Tolles kommen würde. Kein Pudding oder so was, sondern etwas *Richtiges* – ein einfacher Kuchen oder eine Torte.

Ich möchte deshalb, dass die Leute mich mit einer Gabel in der Hand in meinem Sarg liegen sehen. Sie sollen sich fragen, was diese Gabel wohl soll. Und dann erklären Sie ihnen, dass das Beste erst noch kommt und man deshalb seine Gabel behalten sollte."

Der Pastor umarmte die Frau und ging. Kurz darauf starb sie dann tatsächlich.

Bei der Beerdigung betrachteten die Leute die Kleidung, die sie sich ausgesucht hatte, die Bibel, die sie liebte, und hörten die Lieder, die ihr am Herz gelegen hatten. Und alle fragten sich, was es wohl mit der Gabel in ihrer Hand auf sich hatte.

Der Pastor erklärte, dass es der Frau wichtig gewesen war, dass alle Gäste eine Sache lernten: Für sie – wie für jeden, der als Christ stirbt – war dieser Tag keine Niederlage. Es war ein Freudentag, weil die wirkliche Party eben erst beginnt.

Das Beste kommt noch.

Denken Sie darüber nach

Wir können extrem hohe Verluste verkraften, doch niemand kann ohne Hoffnung überleben. Wenn die Hoffnung verloren ist, sind auch wir verloren. Deshalb ist es auch so unglaublich wichtig, dass unser Blick unter allen Umständen auf Gottes Gegenwart und Macht gerichtet bleibt. Wenn wir das vergessen, sind wir wie Bauarbeiter, die ohne Gerüst auf Stahlträgern in 300 Meter Höhe arbeiten und plötzlich auf die Idee kommen, nach unten zu schauen. Wenn wir uns stärker auf die überwältigende Macht des Sturms konzentrieren als auf die überwältigende Gegenwart Gottes, bekommen wir Probleme.

Für jemanden, der an Gott glaubt, liegt der Schlüssel zum Leben nicht in dem, was *ich* tun kann. Die eigentliche Frage lautet: Was will Gott durch mich tun? „Allem bin ich gewachsen durch den, der mich stark macht" (Philipper 4,13). Diese Aussage ist kein Blankoscheck. Paulus hat diese Worte nicht geschrieben, damit wir glauben, eine Beziehung zu Jesus würde uns praktisch unbesiegbar machen. Es bedeutet aber, dass ich die Zuversicht haben kann, alles bewältigen zu können, was das Leben mir bringt – dass ich niemals aufgeben muss, dass meine Bemühungen Erfolg haben werden, weil Gott in mir am Werk ist.

Unsere Fähigkeit, das Prinzip Hoffnung zu leben und unseren Blick im Sturm auf Jesus zu richten, hängt zum großen Teil davon ab, welche Nahrung wir unseren Gedanken geben.

Die Art, wie Sie denken, bestimmt Ihr Verhalten; die Art, wie Sie denken, formt Ihre Gefühle; die Art, wie Sie denken, beeinflusst sogar das Immunsystem und die Abwehrkräfte. Fast alles an Ihnen entspringt Ihrer Gedankenwelt. Im Grunde ist alles das Resultat Ihrer Gedanken.

Bei Jesaja heißt es: „Bewährten Sinn bewahrst du in Frieden, in Frieden, weil er auf dich vertraut" (Jesaja 26,3; Elberfelder Übersetzung). Alles hängt davon ab, was Sie mit Ihren Gedanken machen. Wenn Sie wirklich ein ganz bestimmter Typ Mensch werden wollen – ein hoffnungsvoller Mensch, der sich ganz auf

Christus konzentriert –, müssen Sie Dinge denken, die solche Eigenschaften fördern. So ist es auch zu verstehen, wenn Paulus schreibt: „Richtet eure Gedanken auf das, was schon bei euren Mitmenschen als rechtschaffen, ehrbar und gerecht gilt, was rein, liebenswert und ansprechend ist, auf alles, was Tugend heißt und Lob verdient“ (Philipper 4,8). Wenn wir uns auf Jesus Christus konzentrieren, sind es diese Dinge, auf die er unsere Gedanken lenken wird. Deshalb müssen Sie dafür sorgen, Gedanken zu haben, die in Ihnen Hoffnung entstehen lassen. Sie müssen sich solchen Büchern, Kassetten, Menschen und Gesprächen aussetzen, die Sie weiterbringen in Richtung Vertrauen auf Gott.

Die Forschung hat ergeben,
dass die Gedanken eines Menschen
Einfluss auf seine gesamte Existenz haben.
Archibald Hart

Gutes zu denken heißt, Gott innerlich zu dienen.
Thomas Traherne

Füllt eure Köpfe mit guten Gedanken,
sonst wird der Teufel sie mit schlechten überschwemmen.
Leer bleiben können sie nicht.
Sir Thomas More

Ich erhebe mich heute in Gottes Kraft, die mich antreibt.
Gott möge mich aufrecht erhalten.
Gottes Weisheit möge mich leiten.
Gottes Auge möge auf meinen Weg sehen.
Gottes Ohr möge mich hören.
Gottes Wort möge für mich sprechen.
Gottes Hand möge mich schützen.
Christus mit mir, Christus vor mir, Christus hinter mir.
Christus in mir, Christus neben mir, Christus über mir.
Christus zu meiner Rechten, Christus zu meiner Linken.
Christus, wenn ich mich niederlege, Christus, wenn ich mich hinsetze,
Christus, wenn ich aufstehe.
Christus im Herzen jedes Menschen, der an mich denkt.
Christus im Mund jedes Menschen, der von mir spricht.
Christus in jedem Auge, das mich ansieht.
Christus in jedem Ohr, das mich hört.
Ich erhebe mich heute
in einer mächtigen Kraft; der Anrufung der Dreieinigkeit!
Saint Patrick

Was im Kopf ist,
zeigt sich im Leben.

Hoffen und Warten

Da sagte der Herr zu Abram: „Verlass deine Heimat, deine Sippe und die Familie deines Vaters und zieh in das Land, das ich dir zeigen werde! Ich will dich segnen und dich zum Stammvater eines mächtigen Volkes machen. Dein Name soll in aller Welt berühmt sein. An dir soll sichtbar werden, was es bedeutet, wenn ich jemanden segne."

Abram folgte dem Befehl des Herrn und brach auf, und Lot ging mit ihm. Abram war 75 Jahre alt, als er seine Heimatstadt Haran verließ.

Abraham wohnte bei den Eichen von Mamre. Dort erschien ihm der Herr. Abraham saß gerade in der Mittagshitze am Eingang seines Zeltes. Als er aufblickte, sah er wenige Schritte vor sich drei Männer stehen. Sofort sprang er auf, warf sich vor ihnen nieder und sagte: „Mein Herr, wenn ich Gnade vor dir gefunden habe, dann geh nicht hier vorüber. Ich stehe dir zu Diensten! Man wird euch sogleich Wasser bringen. Ihr könnt euch die Füße waschen und es euch unter dem Baum bequem machen. Ich will inzwischen eine kleine Erfrischung holen, damit ihr euch stärken und dann euren Weg fortsetzen könnt. Wozu sonst seid ihr bei eurem Diener vorbeigekommen?" „Es ist gut", sagten die Männer. „Tu, was du vorhast!" Abraham lief sogleich ins Zelt und sagte zu Sara: „Schnell, nimm drei Backschüsseln von deinem feinsten Mehl, mach einen Teig und backe Fladenbrot!" Dann lief er zum Vieh, suchte ein schönes, gesundes Kalb aus und befahl dem Knecht, es zuzubereiten. Er holte süße und saure Milch, nahm das gekochte Fleisch und trug alles hinaus unter den Baum. Mit eigener Hand bediente er seine Gäste und stand dabei, während sie aßen.

Nach dem Mahl fragten die Männer Abraham: „Wo ist deine Frau Sara?“ „Drinnen im Zelt“, antwortete er. Da sagte der Herr: „Nächstes Jahr um diese Zeit komme ich wieder zu dir, dann wird deine Frau einen Sohn haben.“ Sara stand im Rücken Abrahams am Zelteingang und horchte. Die beiden waren damals schon alt und Sara war schon lange über die Wechseljahre hinaus. Sie lachte in sich hinein und dachte: „Jetzt, wo ich alt und verwelkt bin, soll ich noch ein Kind empfangen? Und mein Mann ist auch viel zu alt!“ Da sagte der Herr zu Abraham: „Warum hat Sara gelacht? Warum zweifelt sie daran, dass sie noch ein Kind gebären wird? Ist für den Herrn

irgendetwas unmöglich? Nächstes Jahr um die verabredete Zeit komme ich wieder, dann hat Sara einen Sohn."

Der Herr dachte an Sara und tat an ihr, was er angekündigt hatte. Sie wurde schwanger und gebar Abraham noch in seinem Alter einen Sohn. Es war genau zu der Zeit, die Gott angegeben hatte. Abraham nannte den Sohn, den Sara ihm geboren hatte, Isaak.

Als Isaak acht Tage alt war, beschnitt er ihn, genau wie Gott es angeordnet hatte. Abraham war bei Isaaks Geburt 100 Jahre alt. Sara aber sagte: „Gott hat dafür gesorgt, dass ich lachen kann. Alle, die davon hören, werden mit mir lachen. Noch nie hat Abraham es erlebt, dass ihm einer die Nachricht brachte: Deine Frau Sara stillt ein Kind. Aber jetzt in seinem Alter habe ich ihm noch einen Sohn geboren!"
Genesis 12,1-2.4; 18,1-14; 21,1-7

Warten: Gottes Zeit

Gott kam zu Abraham, als dieser 75 Jahre alt war, und sagte ihm, dass er Vater werden und eine große Nation aus ihm hervorgehen würde. Wie lange dauerte es, bis diese Zusage erfüllt wurde? 25 Jahre. Abraham musste warten.

Gott sagte den Israeliten zu, dass sie die Sklaverei in Ägypten hinter sich lassen und ein freies Volk sein würden. Doch sie mussten noch 400 Jahre auf die Erfüllung dieses Versprechens warten.

Gott sagte Mose, dass er das Volk ins Verheißene Land führen würde. Doch zuvor kamen 40 Jahre des Wartens in der Wüste.

Warten kann das Schwerste sein, zu dem wir aufgerufen sind. Deshalb ist es so frustrierend, wenn wir in die Bibel schauen und sehen, dass Gott selbst, der allmächtig und weise ist, seinen Kindern immer wieder sagt: „Wartet."

Warten und Glauben sind so eng miteinander verbunden, dass die beiden Worte manchmal austauschbar sind.

Werde ruhig vor dem Herrn und warte gelassen auf sein Tun!
Psalm 37,7

Harre auf den HERRN und halte seinen Weg ein,
und er wird dich erhöhen, das Land zu besitzen.
Psalm 37,34 (Elberfelder)

Harre auf den HERRN!
Sei mutig, und dein Herz sei stark, und harre auf den HERRN!
Psalm 27,14 (Elberfelder)

Gut ist es, schweigend zu harren auf die Hilfe des Herrn.
Klagelieder 3,26 (Einheitsübersetzung)

Warten ist unser Schicksal als Kreaturen,
die nicht selbst hervorbringen können,
was sie sich erhoffen.
Wir warten im Dunkeln auf eine Flamme,
die wir nicht entzünden können.
Wir warten in Angst auf das Happy End,
das wir nicht schreiben können.
Wir warten auf ein „noch nicht“,
das sich anfühlt wie ein „niemals“.
Warten ist die härteste Aufgabe der Hoffnung.

Lewis Smedes

Warten bedeutet nicht einfach nur Zeit totschlagen, bis wir das bekommen, was wir wollen. Es ist ein Teil des Prozesses, mit dem wir die werden, als die Gott uns geschaffen hat.

Während unseres Wartens ist Gottes Arbeit in uns genauso wichtig wie das, auf was wir warten. Warten heißt, dass wir Gott zutrauen, dass er weiß, was er tut.

Weil uns das Warten daran erinnert, dass wir auf jemanden warten, ist das Wichtigste, das wir in dieser Zeit tun können, das Gebet. Beten ermöglicht uns, ohne Sorgen zu warten.

Männer werden müde und matt,
und Jünglinge straucheln und fallen;
aber die auf den Herrn warten, kriegen neue Kraft,
dass sie auffahren mit Flügeln wie Adler,
dass sie laufen und nicht matt werden,
dass sie gehen und nicht müde werden.
Jesaja 40,30–31 (eigene Übersetzung)

Fliegen, laufen, gehen

Wenn Sie im Augenblick auf Gott warten, dann sollten Sie wissen, dass in dieser Stelle des Propheten Jesaja ein wunderbares Versprechen für alle Wartenden steckt. Wir müssen diese Worte in unserem Leben verwirklichen – fliegen, laufen, gehen – „eine Zeile nach der anderen".

Manchmal werden wir abheben und wie auf Adlerflügeln dahinsegeln. Dies ist ein wunderschönes Bild. Ornithologen berichten, dass Vögel drei Flugtechniken haben. Zuerst das Flattern – ein ständiger Flügelschlag, um gegen das Gesetz der Schwerkraft anzufliegen. Kolibris können bis zu 70-mal in der Sekunde mit den Flügeln schlagen. Flattern hält einen in der Luft, aber es ist viel Arbeit. Ich verbringe ausgesprochen viel Zeit mit dieser mühsamen Art des Fliegens. Es bringt mich von hier nach da, aber es hat nicht viel mit Eleganz zu tun.

Die zweite Flugtechnik ist das Gleiten. Der Vogel erzeugt flatternd eine gewisse Geschwindigkeit und lässt sich dann eine Weile abwärts gleiten. Das ist schon viel leichter als ständiges Flattern, aber es bringt den Vogel nicht allzu weit. Schnell setzt die Realität in Form der Schwerkraft ein. Gleiten ist schön, aber keine Methode, um dauerhaft weiterzukommen.

Und dann ist da die dritte Technik: segeln. Nur wenige Vogelarten, wie etwa der Adler, sind dazu fähig. Die Flügel des Adlers sind so groß und kräftig, dass er damit die

Thermik aufsteigender Luftströme ausnutzen kann und ohne eine Feder zu bewegen in große Höhen aufsteigt. Dabei kann er enorme Geschwindigkeiten erreichen, ohne mit den Flügeln zu schlagen. Er lässt sich einfach von unsichtbaren Winden tragen.

Jesaja schreibt, dass die, die auf Gott warten, so aufsteigen werden wie ein Adler. Man erwischt einen Hauch des Geistes, und er trägt einen nach oben. Manchmal werden Sie in Ihrem Leben eine Zeit des geistlichen Höhenflugs erleben. Vielleicht ist das gerade jetzt der Fall. Sie fühlen sich von Gottes Kraft geradezu hochgehoben und getragen. Sie lassen sich treiben vom Heiligen Geist.

Manchmal schweben wir nicht, sondern bewegen uns erdnäher: Wir laufen und werden nicht müde. Wenn Sie sich in dieser Phase befinden, fühlt sich Ihr Leben nicht völlig schwerelos an. Sie müssen manchmal ganz schön mit den Flügeln schlagen. Doch mit Entschlossenheit und Durchhaltevermögen laufen Sie Ihr Rennen. Ihre Zeit wird kommen. Laufen Sie nur weiter.

Manchmal segeln wir nicht und wir können auch nicht laufen. In diesen Zeiten können wir nur gehen und brechen gerade eben nicht zusammen. Alles, was wir tun können, ist zu sagen: „Gott, ich mache weiter. Ich gebe nicht auf. Ich gehorche dir. Ich gehe weiter."

In unserer Welt haben wir einige sehr schnelle Läufer. Wir haben einige Adler, die höher fliegen, als man sehen kann. Es ist nicht leicht, ein Geher zu sein, wenn man von Adlern und Läufern umgeben ist. Aber manchmal ist Gehen das Beste, was wir Gott anbieten können. Und er versteht das nur zu gut. Gehen zählt ganz genauso viel wie alles andere!

Gehen Sie weiter, denn das, worauf wir warten, ist nicht so wichtig wie das, was uns widerfährt, während wir warten. Es ist nur noch eine Frage der Zeit!

Glauben

bedeutet nicht,

dass man

nie mehr Zweifel

oder Fragen hat.

Glauben bedeutet,

gehorsam zu bleiben.

Leben mit einem sooo großen Gott

Ich bin mir ziemlich sicher, dass unser Lebensstil in starkem Maße von der Größe unseres Gottes abhängt. Unser Problem ist, dass unser Gott zu klein ist. Wir sind nicht wirklich davon überzeugt, dass wir in den Händen eines allwissenden, immer präsenten, allmächtigen Gottes absolut sicher sind.

Was passiert, wenn wir morgens aufwachen und mit einem kleinen Gott leben?

Wir haben Angst, denn alles hängt von *uns* ab. Unsere Stimmung wird von unseren Umständen diktiert. Wir leben in einem Universum, das uns in höchstem Maße verletzlich macht. Wenn wir nicht in der Sicherheit leben, dass wir von einem großen Gott angenommen sind, dann sind wir die Sklaven dessen, was andere über uns denken. Wenn wir für etwas gelobt werden, das nicht unser Verdienst ist, werden wir das Lob trotzdem einheimsen, weil wir nicht an einen großen Gott glauben, der uns zur rechten Zeit für die richtigen Dinge belohnen wird.

Wenn jemand wütend auf uns ist oder beleidigt, verknotet sich unser Inneres sofort vor Angst, denn wir haben nicht die Sicherheit, dass ein großer Gott für uns da ist und auf uns aufpasst.

Wenn Menschen nicht anerkennen, dass Gott ein großer Gott ist, beten sie ohne Glauben, arbeiten ohne Leidenschaft, dienen ohne Freude, leiden ohne Hoffnung. Das führt auf Dauer zu Angst, Rückzug, Kurzsichtigkeit und Versagen.

Sobald Kinder sprechen lernen, ist eine der ersten Fragen, die Eltern ihnen stellen: „Wie groß bist du?" Und Kinder geben immer dieselbe Antwort: „Sooooooo groß!"

Wir bringen unseren Kindern diese Reaktion bei, weil sie begreifen sollen, dass sie wachsen. Wir wissen, dass es wichtig ist, dass sie ein richtiges Selbstbild haben. Sie sollen sich nicht als schwach, klein und machtlos sehen, unfähig, die Herausforderungen des Lebens anzunehmen.

Doch jetzt habe ich eine wichtige Frage an Sie: Wie groß ist Ihr Gott?

Herr, hilf mir, große Dinge so zu tun,
als wären sie klein, denn ich tue sie aus deiner Kraft;
und kleine Dinge, als wären sie groß,
denn ich tue sie in deinem Namen.
Blaise Pascal

David und sein sooo großer Gott

König Saul und alle wehrfähigen Männer Israels bezogen ihr Lager im Eichental, um gegen die Philister zu kämpfen. Da trat aus den Reihen der Philister ein einzelner Krieger hervor. Er hieß Goliat und stammte aus Gat. Er war über drei Meter groß und trug einen Helm, einen Schuppenpanzer und Beinschienen, alles aus Bronze; der Panzer allein wog mehr als einen Zentner. Er hatte ein bronzenes Krummschwert geschultert. Der Schaft seines Spießes war so dick wie ein Weberbaum und die eiserne Spitze wog fast vierzehn Pfund. Ein Soldat trug den großen Schild vor ihm her. Der Philister rief: „Ich fordere das ganze Heer Israels heraus! Schickt mir einen Mann, damit wir miteinander kämpfen!" Als Saul und die Männer Israels den Philister so reden hörten, erschraken sie und hatten große Angst.

David war ein Sohn von Isai. Isai hatte acht Söhne. David war der jüngste von seinen Söhnen. Seine drei ältesten Söhne waren mit dem Heer Sauls in den Krieg gezogen. David lief immer wieder hin und her zwischen dem Königshof von Saul und Betlehem, wo er die Schafe seines Vaters hütete. Goliat aber trat vierzig Tage lang morgens und abends vor und forderte die Israeliten zum Zweikampf heraus.

Da sagte Isai eines Tages zu David: „Geh zu deinen Brüdern ins Lager! Bring ihnen diesen Sack mit gerösteten Körnern und die zehn Brote.“ David übergab die Schafe einem Hütejungen. Früh am nächsten Morgen lud er alles auf einen Esel und machte sich auf den Weg, wie Isai es ihm aufgetragen hatte. Als er gerade mit seinen Brüdern sprach, trat wieder der Philister Goliat aus Gat vor und forderte die Israeliten zum Zweikampf heraus. Auch David hörte seine Worte.

David sagte zu Saul: „Lass dich von diesem Philister nicht einschüchtern! Ich werde mit ihm kämpfen. Der Herr hat mich vor den Krallen der Löwen und Bären geschützt, er wird mich auch vor diesem Philister beschützen!“ „Gut“, sagte Saul, „kämpfe mit ihm; der Herr wird dir beistehen!“

David nahm seinen Hirtenstock. Im Bachbett suchte er fünf glatte Kieselsteine und steckte sie in seine Hirtentasche. In der Hand hielt er seine Schleuder; so ging er dem Philister entgegen.

Der Philister sah, wer ihm da entgegenkam: ein Halbwüchsiger, kräftig und schön. Dann rief er den Zorn seiner Götter auf David herab. Doch David antwortete: „Du trittst gegen mich an mit Säbel, Spieß und Schwert. Ich aber komme mit dem Beistand des Herrn, des Herrschers der Welt, des Gottes, dem das Heer Israels folgt und den du verhöhnt hast. Er wird dich heute in meine Hand geben. Ich werde dich töten und dir den Kopf abschlagen. Dann wird die ganze Welt erkennen, dass das Volk Israel einen Gott hat, der es beschützt. Auch die hier versammelten Israeliten sollen sehen, dass der Herr weder Schwert noch Speer braucht, um sein Volk zu retten. Denn der Herr bestimmt den Ausgang des Krieges und wird euch Philister in unsere Hand geben.“

Goliat ging vorwärts und kam auf David zu. David lief ihm entgegen, griff in seine Hirtentasche, holte einen Stein heraus,

schleuderte ihn und traf den Philister am Kopf. Der Stein durchschlug die Stirn und Goliat stürzte vornüber zu Boden.

Ohne Schwert, nur mit Schleuder und Stein, hatte David ihn besiegt und getötet.
NACH 1. SAMUEL 17

Ein Leben der Anbetung führen

Wie kann ich wirklich glauben, dass Christus allein genug ist? Wie kann ich mein Leben so gestalten, dass es die Tatsache widerspiegelt, dass ich an einen Gott glaube, der *soooooo groß* ist?

Es gibt ein Wort für den Prozess, in dessen Verlauf Menschen die Größe, Würde und Kraft Gottes anerkennen und proklamieren. Man nennt es Anbetung.

Anbetung dient nicht dazu, Gottes unerfüllte Ego-Bedürfnisse zu befriedigen. Gott hat uns so geschaffen, dass wir, wenn wir etwas Großartiges erleben, das unseren Verstand übersteigt, den Wunsch haben, es anzubeten. Unsere Erfahrung ist unvollständig, solange wir sie nicht in Worte gefasst haben. Wenn wir den Grand Canyon zum ersten Mal sehen oder einen doppelten Regenbogen oder ein neugeborenes Baby, dann verlangt etwas in uns danach, der Freude Ausdruck zu verleihen, die wir empfinden.

Wir sollen Gott loben, nicht weil sein Ego das braucht, sondern weil unsere Erfahrung und unsere Freude an Gott ohne Anbetung unvollständig sind. Wir beten Gott nicht an, weil er es braucht, sondern weil *wir* es brauchen!

Wenn wir über das nachdenken,

was **Gott** getan hat,

ist Anbetung unsere **Antwort,**

und unser Verständnis

von Gott **wächst.**

Für Gott ist nichts unmöglich.
Lukas 1,37

Gott kann unendlich viel mehr an uns tun,
als wir jemals von ihm erbitten oder uns ausdenken können.
So mächtig ist die Kraft, mit der er in uns wirkt.
Ihm gehört die Ehre in der Gemeinde und durch Jesus Christus
in allen Generationen, für Zeit und Ewigkeit!
Amen.
Epheser 3,20–21

Was für die Menschen unmöglich ist,
das ist für Gott möglich.
Lukas 18,27

Der Herr, euer Gott, ist mitten unter euch,
ein großer Gott, den man fürchten muss.
5. Buch Mose 7,21

Wenn Gott an unserer Seite ist,
gibt es keinen Grund, sich zu fürchten.
Sein Auge ruht auf uns,
sein Arm schützt uns,
seine Ohren hören auf unsere Gebete –
seine Gnade ist überreich,
seine Zusage unverbrüchlich.

John Newton

Zeit zu wachsen

Ich wollte zusammen mit einem Freund eine zweiwöchige Predigtreise nach Äthiopien unternehmen, als das Land noch unter marxistischer Regierung stand. Die Untergrundkirche, die uns eingeladen hatte, bat uns darum, 50 Studienbibeln mitzubringen. Ich hatte gewisse Bedenken bezüglich des Bibelschmuggelns, doch wir beschlossen, es zu versuchen. Unsere Gemeinden spendeten die erforderlichen Bibeln. Tatsächlich drückte mir am Tag unserer Abreise eine Dame noch ein Extra-Exemplar in die Hand, daher hatten wir sogar 51 Bibeln dabei.

Natürlich entdeckte ein äthiopischer Zollbeamter die verbotenen Bücher und konfiszierte sie. Einige Tage später bekamen wir einen Anruf vom Zollamt und die Leiter der Kirche wurden zu einem Verhör gebeten. Wir befürchteten das Schlimmste. Die äthiopischen Christen verbrachten so viel Zeit im Gefängnis, dass sie es „die Universität" nannten. (Denn Gott schickte seine Leute schon immer gern ins Gefängnis, wenn er wollte, dass sie etwas lernten – wie Josef wurden auch einige der Äthiopier sogar als Aufseher angestellt, wenn ein Gefängniswärter eine Pause machte. Sie nahmen dann die Kugeln aus ihren Gewehren und drückten diese den Christen in die Hand, damit sie während ihrer Abwesenheit Wache schoben.) Bestenfalls konnten wir darauf hoffen, dass wir mit einigen Bestechungsgeldern ungestraft davonkamen und die Bibeln zurückbekommen konnten.

Stellen Sie sich unsere Überraschung vor, als der Leiter des Zollamts sagte: „Diese Bibeln sind illegal eingeführt worden. Sie dürfen sie unter einer Bedingung mitnehmen – allerdings niemand darf etwas davon erfahren: Ich möchte eine für mich selbst haben.“

Mein Gott ist an diesem Tag ein ganzes Stück gewachsen. Er wurde sooo groß!

Immer, wenn jemand im Vertrauen auf Gott aus dem Boot steigt, wird sein Gott größer.

Großer Gott – große Chance

So ist es immer, wenn jemand im Vertrauen auf Gott aus dem Boot steigt. Wenn Menschen dies wagen, sind sie hinterher nicht mehr dieselben. Auch ihre Anbetung hat sich verändert. Ihre Welt verändert sich. Egal, ob sie sinken oder schwimmen, etwas ist anders geworden.

Das gilt auch für Sie. Von diesem Punkt an wird Ihr Gott jedes Mal größer, Ihre Anbetung stärker und Ihr Glaube intensiver, wenn Sie Gott vertrauen und seiner Einladung folgen.

Das liegt daran, dass Jesus mit uns noch nicht fertig ist. Er sucht immer noch nach Leuten, die sich trauen, ihm zu vertrauen. Er hält immer noch Ausschau nach Menschen, die der Angst nicht das letzte Wort lassen. Er sieht sich immer noch nach Jüngern um, die sich vom Versagen nicht entmutigen lassen. Er geht immer noch vorüber. Und dies ist Ihre Gelegenheit, auf seinen Ruf zu antworten!

Dies ist

die Chance

Ihres

Lebens.

Es zählt nur der vertrauende Glaube,
der sich in tätiger Liebe auswirkt.
Galater 5,6

Ich habe den guten Kampf gekämpft.
Ich bin am Ziel des Wettlaufs, zu dem ich angetreten bin.
Ich habe den Glauben bewahrt.
2. Timotheus 4,7

Kämpfe den guten Kampf des Glaubens,
damit du das ewige Leben gewinnst, zu dem Gott dich berufen hat.
Zu diesem Kampf hast du dich in besonderer Weise verpflichtet,
als du vor vielen Zeugen das gute Bekenntnis abgelegt hast.
1. Timotheus 6,12

Setzt für immer das Vertrauen auf den Herrn,
der unser Gott ist,
unser Fels für alle Zeiten!
Jesaja 26,4

Auf dem Wasser zu laufen

erfordert nicht nur den Mut,

ein Risiko einzugehen.

Man braucht auch Weisheit,

um die richtigen Fragen zu stellen,

und die richtige Wahrnehmung,

um die Stimme des Meisters zu erkennen.

Und Geduld,

um auf seinen Auftrag zu warten.

Quellenangaben:

John Ortberg: *„Das Leben, nach dem du dich sehnst“.*
Asslar: Gerth Medien, 1998.
John Ortberg: *„Die Liebe, nach der du dich sehnst“.*
Asslar: Gerth Medien, 2000.
John Ortberg: *„Das Abenteuer, nach dem du dich sehnst“.*
Asslar: Gerth Medien, 2002.
Martin Luther: *By Faith Alone.* Grand Rapids: World Publishing, 1998.

Titel der Originalausgabe:
Living the Go(o)d Life

Published by Zondervan Publishing, Grand Rapids, MI 49530, USA

1. Auflage 2005
Best.-Nr. 816 046

ISBN 3-86591-046-7

Die Bibelstellen wurden, wenn nicht anders angegeben,
der „Gute Nachricht Bibel“ entnommen.

Übersetzung: Annette Schalk, Karoline Kuhn, Ingo Schütz
Umschlaggestaltung: Hanni Plato
Umschlagfoto: getty images, John Parker
Fotos: alle MEV, außer Seite 9, 10, 12, 25, 27, 32, 41, 46–47, 59, 77, 85, 105, 107, 113, 147, 169, 171, 174-175, 193 und 197: MH FotoDesign; Seite 130–131: PhotoDisc sowie Seite 39: Image Farm
Satz und Innengestaltung: Die Feder GmbH, Wetzlar
Druck und Verarbeitung: Ebner & Spiegel, Ulm